Das Mama-Nähbuch

Originelle Kleidung,
Accessoires und Spielsachen

Meg McElwee

DORLING KINDERSLEY

DORLING KINDERSLEY
London, New York, Melbourne, München und Delhi

Redaktion Katrina Loving
Fachredaktion Rebecca Kemp-Brent, Bernie Kulisek
Art Director Liz Quan
Gestaltung Pamela Norman
Fotos Joe Hancock
Illustrationen Ann Swanson
Herstellung Katherine Jackson

Für die deutsche Ausgabe:
Programmleitung Monika Schlitzer
Projektbetreuung Tanja Schröpfer
Herstellungsleitung Dorothee Whittaker
Herstellung und Covergestaltung Kim Weghorn

Bibliografische Information der Deutschen Bibliothek
Die Deutsche Bibliothek verzeichnet diese Publikation in der Deutschen Nationalbibliografie; detaillierte bibliografische Daten sind im Internet über **http://dnb.ddb.de** abrufbar.

Die englische Originalausgabe erschien unter dem Titel
Growing up Sew Liberated

Übersetzung Wiebke Krabbe
Lektorat Regina Sidabras

ISBN 978-3-8310-2261-8
Printed in China by Asia Pacific Offset Ltd.

Besuchen Sie uns im Internet
www.dorlingkindersley.de

Hinweis
Die Informationen und Ratschläge in diesem Buch sind von den Autoren und vom Verlag sorgfältig erwogen und geprüft, dennoch kann eine Garantie nicht übernommen werden. Eine Haftung der Autoren bzw. des Verlags und seiner Beauftragten für Personen-, Sach- und Vermögensschäden ist ausgeschlossen.

Diesen großartigen Menschen möchte ich herzlich danken:

Meinen Lektorinnen *Katrina Loving, Rebecca Kemp-Brent + Marlene Blessing* für Geduld und Mitdenken. Meiner Agentin *Linda Roghaar*. Meinen Freundinnen *Amanda Soule, Grace Snow, Kyrie Mead, Charlotte Dungan + Adriana de la Vega* für ihr Mama-Insiderwissen. Meinen Eltern und Großeltern, meinem lieben Mann *Patrick* und meinen süßen Kindern *Finnian + Lachlan,* von denen ich so viel lerne.

Inhalt

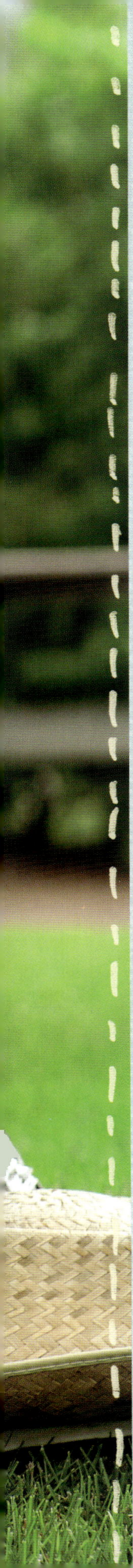

Selbstgemachtes für Kinder: schön und alltagstauglich

Die ersten Lebensjahre von Kindern vollziehen sich nach einem klaren Rhythmus, der von ihrem Gespür für den natürlichen Verlauf des Tages und der Jahreszeiten bestimmt wird. Wir Erwachsenen orientieren uns nach Uhrzeiten und anderen abstrakten Konzepten, für die Kinder sich nicht interessieren. Wir müssen Dinge erledigen, Termine wahren und mit Zeit und Energie gut haushalten. Kinder leben ganz anders. Ihr Tag folgt einem natürlichen Rhythmus. Das gilt für das Neugeborene, dessen Schlafrhythmus im Widerspruch zu unserer Definition von Tag und Nacht zu stehen scheint, ebenso wie für Dreijährige, die das Bedürfnis nach einem Mittagsschlaf auch ohne Blick auf die Uhr spüren. Als Mutter und als Erzieherin in einem Montessori-Kindergarten habe ich festgestellt, dass es Eltern und Kindern das Leben erleichtert, wenn man Tagesroutinen festlegt. Diesem Grundgedanken folgt auch der Aufbau dieses Buches, denn die Kapitel orientieren sich am typischen Tagesablauf kleiner Kinder.

Nähen und andere Handarbeiten (zum Beispiel das Stricken) verschaffen mir im Alltag Momente der Ruhe, die mich an das langsamere Zeitempfinden von Kindern erinnern. Ich fand das Nähen schon immer beruhigend, aber seit mein Sohn auf der Welt ist, sind solche kreativen Momente für mich Auszeiten vom hektischen Mutteralltag. Nähen kann Balsam für die gehetzte Seele sein, wenn man sich die Zeit nimmt, den Entstehungsvorgang zu genießen, und nicht nur danach strebt, im Eiltempo ein fertiges Produkt zu schaffen. Wichtig ist auch, dass die Kinder diese Freude an der kreativen Arbeit miterleben. Sie sollten wahrnehmen, dass Sie sich Zeit für kleine Dinge nehmen können – ob Sie eine Schürze besticken oder Kleckse von Plätzchenteig auf ein Backblech setzen.

Beim Aufbau dieses Buches habe ich mich an den Bedürfnissen von Kindern und ihrer Familie orientiert. Der Tagesablauf kleiner Kinder ist sehr berechenbar. Feste Elemente wie die Mahlzeiten mit der Familie, der tägliche Spaziergang oder das abendliche Bad geben ihnen Sicherheit und beugen Ängsten vor. Sie werden in diesem Buch aber auch Projekte, Spiele und andere Ideen finden, in die Sie Ihr Kind mit einbeziehen können.

Ich wünsche Ihnen und Ihren Kindern Tage voller Freude und Kreativität.

Sei bis morgens um zehn Uhr freundlich, dann läuft der restliche Tag von allein.

Elbert Hubbard,
amerikanischer Philosoph

KAPITEL EINS

Guten Morgen

Dieses Zitat von Elbert Hubbard sollte ich einrahmen und über den Küchentisch hängen – als freundliche Mahnung, denn ich neige morgens nicht zu übersprudelnder Fröhlichkeit. Dabei weiß ich aus Erfahrung, dass man selbst in der Hand hat, wie ein Tag wird. Und die Entscheidung fällt oft schon am Morgen, vor allem, wenn man Kinder hat.

Der Morgen ist eine optimistische Zeit voller Möglichkeiten. Die Vögel singen, das Baby brabbelt, der Siebenjährige berichtet von seinem Traum – und Sie fangen den Tag ganz ruhig an, vielleicht mit einer Tasse Tee oder Kaffee in der Hand (vor allem, wenn Sie ein Baby haben und nachts mehrmals geweckt wurden). Natürlich haben wir alle mal einen absolut grauenhaften Tag – so ist das Leben. Aber wenn man das Unabänderliche hinnimmt, kann man sich darauf konzentrieren, das Beste aus dem Tag zu machen und es ruhig angehen zu lassen. Ein angenehmer Morgen ist das Geheimrezept für einen gelungenen Tag.

In unserer Familie fängt der Morgen schon am Vorabend an. Wenn unser Sohn schläft, treffen wir Vorbereitungen für den nächsten Morgen. Mein Mann und ich genießen diese gemeinsamen zwanzig Minuten, in denen wir »erwachsen« miteinander reden, während die Hände mit Kleinigkeiten beschäftigt sind, die uns den nächsten Morgen leichter machen. Auf den nächsten Seiten finden Sie behagliche Kleidung für die Kleinen. Wenn es Zeit wird, sich anzuziehen und in den Tag zu starten, kommen selbst gemachte Modelle wie die kuschelige Baby-Wendejacke (Seite 12) oder die robuste Jeans mit Taschen (Seite 30) gerade recht. Eine geruhsame Morgenroutine und die Freude am Selbstgemachten werden dazu beitragen, dass Sie und Ihr Kind richtig gut in den Tag kommen.

Kuvert-Shirts

Ich erinnere mich gut, wie aufgeregt ich war, als mein Sohn bei den ersten Anziehaktionen ein Protestgejammer anstimmte. Ich ging auf die Suche nach Hemdchen, die sich schnell und leicht über den Kopf ziehen lassen. Kuvert-Schultern erwiesen sich als gute Lösung. Sie eignen sich für kleine Jungs und Mädchen gleichermaßen, sind einfach zu nähen und können immer wieder neu variiert werden: mit langen oder kurzen Ärmeln, mit frechen Applikationen, Spitzen, niedlichen Rüschen oder Stickereien.

FERTIGE GRÖSSE 0–6 (6–12, 12–18, 18–24) Monate. Rückenlänge in der hinteren Mitte 25,5 (27,5, 30, 31) cm. Weitere Informationen zu den Größenangaben finden Sie in der Tabelle auf Seite 145. Das abgebildete Shirt passt Kindern von 0–6 Monaten.

STOFFE + KURZWAREN

- Shirt mit kurzen Ärmeln: 46 (46, 57,5, 57,5) cm Baumwoll-Stretch, 152 cm breit (Hauptstoff)

ODER

Shirt mit langen Ärmeln: 69 (69, 80, 80) cm Baumwoll-Stretch, 152 cm breit (Hauptstoff)

- 12 cm Baumwoll-Feinripp, 152 cm breit (Kontrastfarbe, für alle Größen)
- Passendes Nähgarn
- Schnittmustervlies oder Schneiderkopierpapier

WERKZEUG + ZUBEHÖR

- Schnittmuster aus der Tasche hinten im Buch
- Nähmaschinennadel für Stretch oder Jersey
- Stecknadeln für Jersey
- Rollschneider, Quiltlineal und Schneidematte (nach Belieben zum Zuschneiden)
- Overlock-Nähmaschine (nach Belieben)

Hinweise

- Sofern nichts anderes angegeben ist, beträgt die Nahtzugabe 1 cm.
- Alle Stoffe vor der Verarbeitung waschen, trocknen und bügeln. Maschenware beim Bügeln und Zuschneiden nicht dehnen.
- Das Schnittmuster so auflegen, dass der Fadenlauf rechtwinklig zur stärkeren Dehnungsrichtung des Stoffes liegt. Die meisten Stretchstoffe sind querelastisch.
- Nähere Informationen zur Handhabung der Schnittmuster finden Sie auf Seite 146. Ist nichts anderes angegeben, werden alle Markierungen aus dem Schnittmuster auf die linke Stoffseite übertragen.
- Praktische Hinweise zur Verarbeitung von Maschenware finden Sie ab Seite 140.
- Elastische Stoffe immer mit Nähmaschinennadeln für Stretch oder Jersey nähen.

Zuschneiden

1 Die Schnittmusterteile mit allen Markierungen auf Schnittmustervlies oder Schneiderkopierpapier übertragen und ausschneiden. Die Schnittauflagepläne für dieses Modell finden Sie auf Seite 147–148.

2 Aus dem Hauptstoff:
* Ein Vorderteil im Stoffbruch
* Ein Rückenteil im Stoffbruch
* Zwei Ärmel (lang oder kurz nach Wahl; die Ärmel müssen seitenverkehrt sein: ein rechter und ein linker Ärmel)

3 Aus dem Stoff in Kontrastfarbe:
* Eine Einfassung für Vorderteil
* Eine Einfassung für Rückenteil

Halsausschnitt einfassen

4 Mit Elastik- oder flachem Zickzackstich eine Längskante der vorderen Einfassung rechts auf rechts an die vordere Ausschnittkante nähen. Dabei die Einfassung etwas dehnen (**Abb. 1**). Die hintere Einfassung ebenso an das Rückenteil setzen.

5 Die vordere Einfassung vom Vorderteil wegklappen und in Form dämpfen. Dabei sollen keine Fältchen entstehen. Die unversäuberte Kante der Einfassung über die Nahtzugabe nach links umschlagen. Die unversäuberte Kante soll die Ansatznaht der Einfassung auf der linken Seite des Vorderteils gerade verdecken. Die Einfassung feststecken. Mit der hinteren Einfassung ebenso verfahren.

6 Auf der rechten Seite des Vorderteils mit Zickzackstich (2 mm breit und 2 mm lang) über die Ansatznaht der Einfassung steppen. Dabei wird auf der linken Seite die unversäuberte Kante der Einfassung mitgefasst. So liegt sie schön flach und kann nicht drücken und der Jersey ribbelt nicht auf. Die hintere Einfassung ebenso aufsteppen.

Schulternähte und Säume nähen

7 Die Markierungen an den Schultern so ausrichten, dass das Rückenteil das Vorderteil überlappt. Die eingefassten Teile stoßen jeweils auf die Punkt-Markierungen am anderen Teil. Die Enden der Einfassungen etwas dehnen, damit sie in der Naht mitgefasst werden. Die überlappenden Stofflagen aufeinanderstecken. Nun die beiden Stofflagen mit Zickzackstich in 3 mm Abstand zur Armausschnittkante zusammenheften (**Abb. 2**).

8 Wenn Sie eine Overlock-Nähmaschine haben, versäubern Sie die Unterkanten von Vorderteil, Rückenteil und Ärmeln. Anderenfalls die Kanten vorerst unversäubert lassen.

9 Die Kante von Vorderteil, Rückenteil und Ärmeln 2 cm breit nach innen einschlagen und bügeln. Sie können die Säume stecken. Ich persönlich finde es einfacher, quer zur Stoffrichtung laufende Säume ohne Nadeln zu nähen.

10 Die Saumkanten mit Zickzack- oder Elastikstich in 1,5 cm Abstand zur Bruchkante absteppen.

Ärmel einsetzen und Seitennähte schließen

11 Einen Ärmel rechts auf rechts an den entsprechenden Armausschnitt legen, dabei die Markierungen an Ärmel und Schulter genau ausrichten. Mit 6 mm Nahtzugabe zusammennähen (**Abb. 3**). Die Rundung lässt sich leichter nähen, wenn der Ärmel dabei unten liegt. Den anderen Ärmel ebenso einsetzen.

12 Die Unterkanten der Ärmel und die Seitennähte rechts auf rechts aufeinanderstecken und in einem Zug mit 6 mm Nahtzugabe zusammennähen. Jeweils am Ärmel beginnen und am unteren Saum enden (**Abb. 4**). Die Nahtzugaben auseinanderbügeln, wenn sie nicht versäubert wurden.

13 Zur Verstärkung der Nähte an den Ärmel- und Saumkanten einige Zickzackstiche (4 mm breit und 0,2 mm lang) über die Nahtzugaben nähen.

= linke Stoffseite

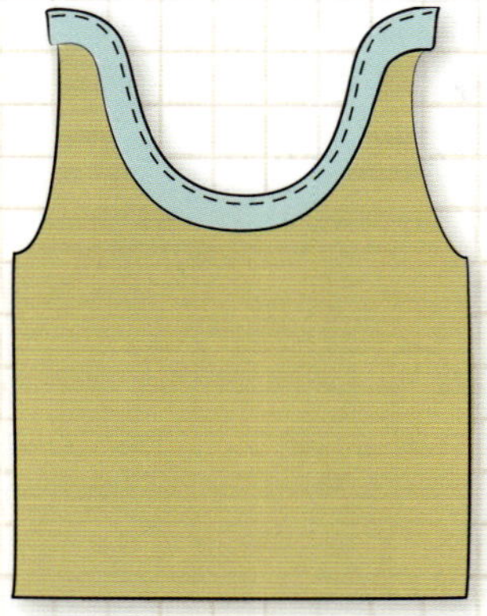

Abb. 1

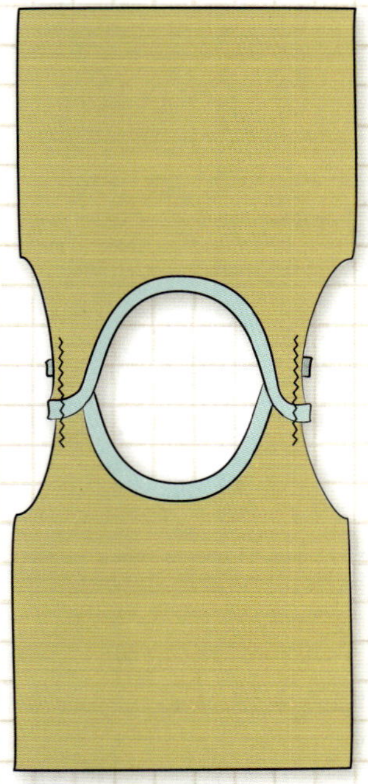

Abb. 2

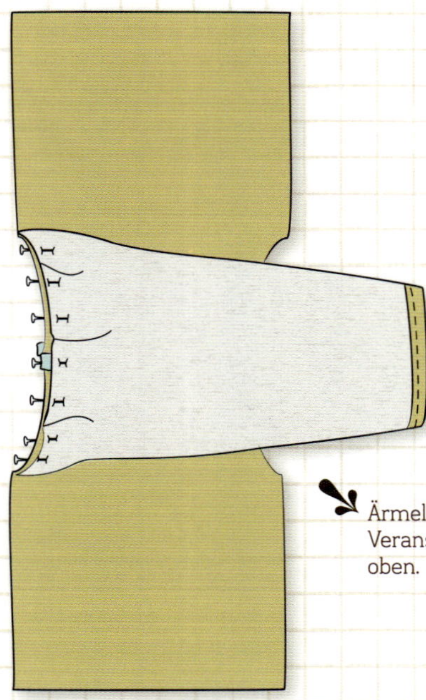

Abb. 3

Ärmel liegt nur zur Veranschaulichung oben.

Abb. 4

Sweatjacke
mit zwei schönen Seiten

Mit dem An- und Ausziehen dieser niedlichen Wickeljacke kommt auch ein nicht so geübter Babysitter bestens zurecht. Weil sie doppellagig ist, können keine Nahtzugaben kratzen. Und wenn eine Seite einen Fleck bekommt, wird die Jacke einfach gewendet. Mit der gemütlichen Pumphose (Seite 18) ist das Baby kuschelig und ausgehfein angezogen.

FERTIGE GRÖSSE 0–6 (6–12, 12–18, 18–24) Monate. Rückenlänge in der hinteren Mitte 26 (28, 30,5, 31,5) cm. Nähere Informationen zu den Größenangaben finden Sie in der Tabelle auf Seite 145. Die abgebildete Jacke passt Kindern von 0–6 Monaten.

STOFFE + KURZWAREN

- 46 (46, 57,5, 57,5) cm Baumwoll-Interlockjersey, 155 cm breit (Hauptstoff)
- 46 (46, 57,5, 57,5) cm Baumwoll-Interlockjersey oder Baumwollfleece für das Futter, 155 cm breit (Kontrastfarbe)
- 12 cm Baumwoll-Interlockjersey oder Baumwoll-Feinripp für die Bänder, 150 cm breit (alle Größen)
- Passendes Nähgarn
- Schnittmustervlies oder Schneiderkopierpapier
- 1 kleiner Druckknopf zum Annähen

WERKZEUG + ZUBEHÖR

- Schnittmuster aus der Tasche hinten im Buch
- Nähmaschinennadel für Jersey
- Stecknadeln für Jersey
- Rollschneider, Quiltlineal und Schneidematte (nach Belieben zum Zuschneiden)
- Oberstofftransportfuß für die Nähmaschine (nach Belieben)
- Overlock-Nähmaschine (nach Belieben)

Hinweise

- Sofern nichts anderes angegeben ist, beträgt die Nahtzugabe 6 mm.
- Alle Stoffe vor der Verarbeitung waschen, trocknen und bügeln. Maschenware beim Bügeln und Zuschneiden nicht dehnen.
- Praktische Hinweise zur Verarbeitung von Maschenware finden Sie ab Seite 140.
- Nähere Informationen zur Handhabung der Schnittmuster finden Sie auf Seite 146.
- Sofern nichts anderes angegeben ist, werden alle Markierungen auf die linke Stoffseite übertragen.
- Maschenware immer mit Nähmaschinennadeln für Jersey nähen.

Zuschneiden

1 Die Schnittmusterteile mit allen Markierungen auf Schnittmustervlies oder Schneiderkopierpapier übertragen und ausschneiden. Den Hauptstoff rechts auf rechts längs zur Hälfte falten. Siehe auch Schnittauflageplan auf Seite 149.

* Ein Rückenteil im Stoffbruch
* Zwei Vorderteile
* Zwei Ärmel

Weil der Stoff doppelt liegt, werden je zwei spiegelverkehrte Ärmel und Vorderteile zugeschnitten. Die Teile nochmals aus dem kontrastfarbenen Stoff zuschneiden.

2 Aus dem Stoff für die Bänder zwei Streifen von 4,5 × 35,5 cm zuschneiden. Die Längskante verläuft parallel zur stärker dehnbaren Richtung des Stoffes (meist quer).

Außenstoff und Futter zusammennähen

3 Mit dem Hauptstoff beginnen. Ein Vorderteil rechts auf rechts auf das Rückenteil legen, die Schulterkanten aufeinanderstecken. Die Naht mit der Overlock-Maschine oder mit Zickzackstich nähen. Beide Nahtzugaben zum Rückenteil bügeln. Die andere Schulternaht ebenso schließen.

4 Die Mittelmarkierung eines Ärmels rechts auf rechts an der Schulternaht ausrichten. Die obere Ärmelkante an die Kante des Armausschnitts stecken. Die Naht steppen (**Abb. 1**), dann beide Nahtzugaben zum Ärmel bügeln. Die Rundung lässt sich leichter nähen, wenn der Ärmel dabei unten liegt. Den anderen Ärmel ebenso einsetzen.

5 Die unteren Ärmelkanten und die Seitenkanten rechts auf rechts aufeinanderstecken und in einem Zug von der unteren Ärmelkante bis zum unteren Saum nähen (**Abb. 2**). Vorsicht, dabei nicht versehentlich das andere Vorderteil mit festnähen. Beide Nahtzugaben zum Rückenteil bügeln. Die unteren Ärmelkanten 1,3 cm nach links umbügeln.

6 Das Futter aus kontrastfarbenem Stoff ebenso zusammensetzen (Schritt 3–5), jedoch die Nahtzugaben in die entgegengesetzte Richtung bügeln, damit sie sich am fertigen Jäckchen nicht so stark abzeichnen oder drücken.

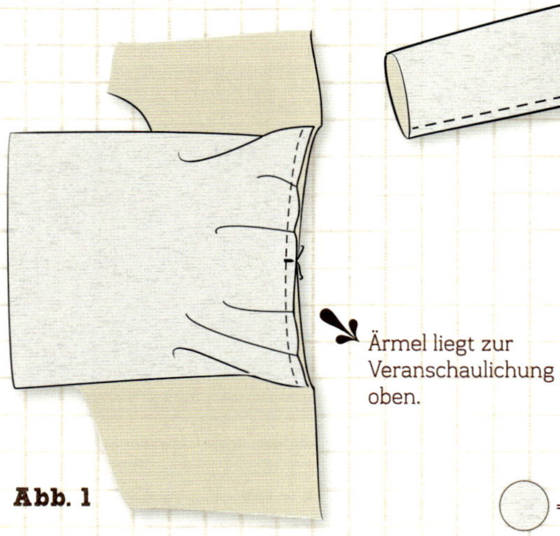

Abb. 1

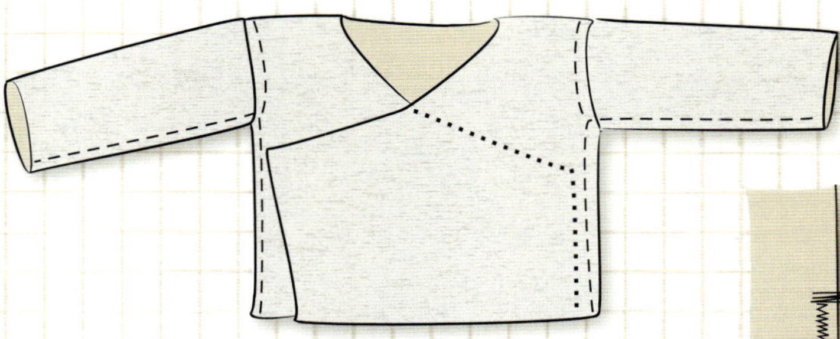

Abb. 2

= linke Stoffseite

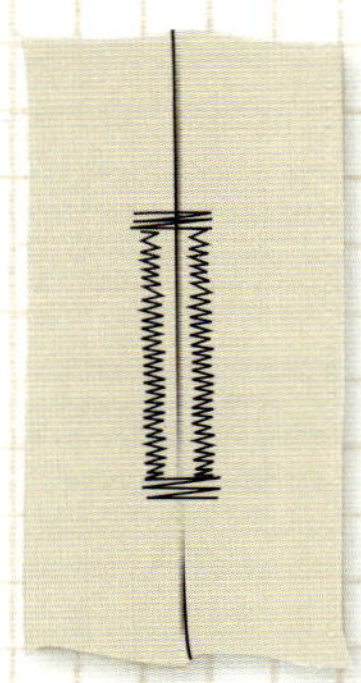

Abb. 3

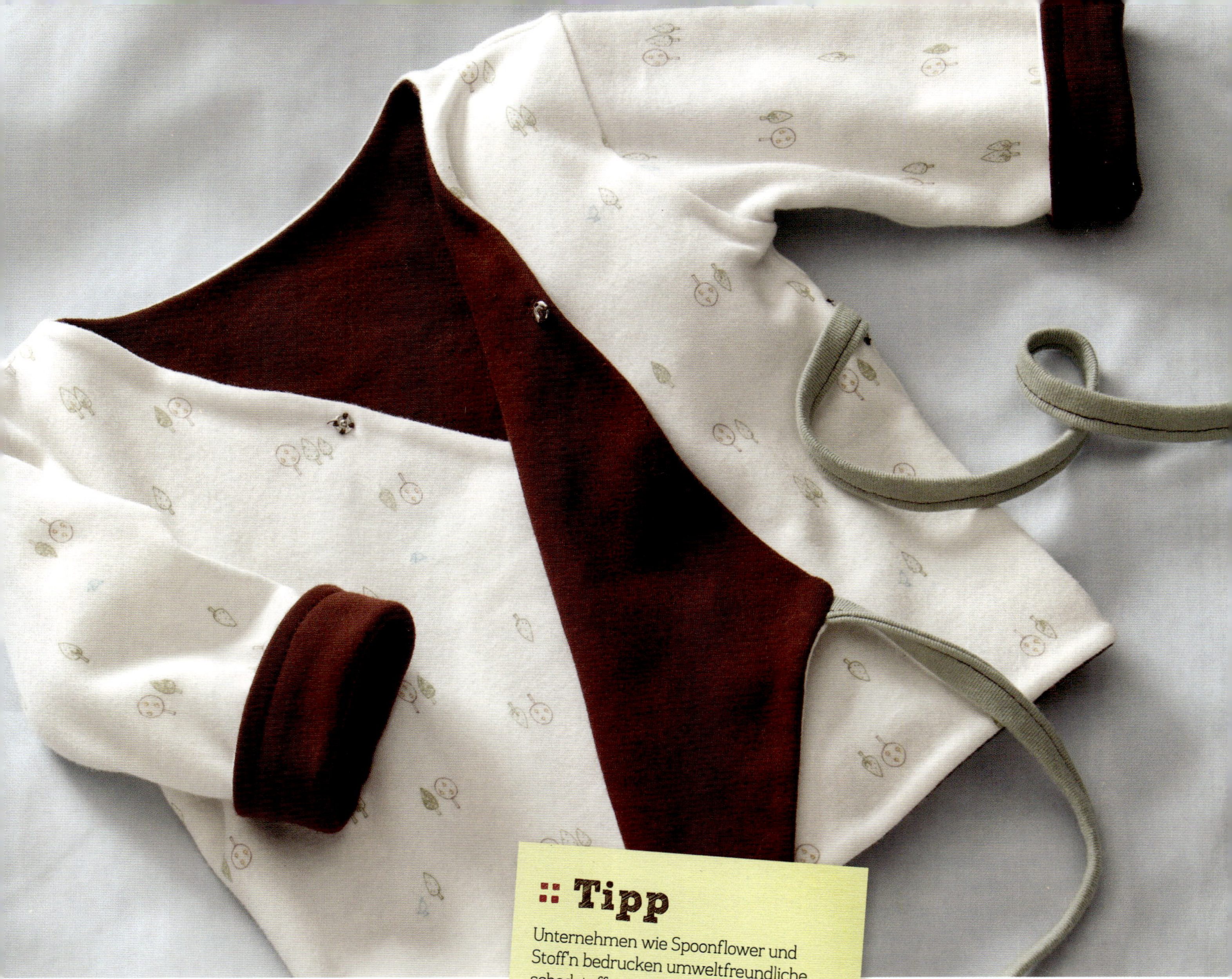

:: Tipp

Unternehmen wie Spoonflower und Stoff'n bedrucken umweltfreundliche, schadstoffgeprüfte Textilien mit Designs von unabhängigen Künstlern. Hier bekommt man auch bezaubernden Interlockjersey. Die Stoffe sind nicht ganz billig, aber die Qualität ist außerordentlich gut – und da man für Kinderkleidung nur kleine Mengen braucht, lohnt sich ein Blick auf die Internetseiten der Firmen (siehe Seite 158).

Die Ärmel-Einsetznaht zum Rumpf bügeln, Schulternaht und durchgehende Ärmel- und Seitennaht zum Vorderteil.

Die Bänder nähen

7 Den Streifen längs zur Hälfte bügeln und wieder aufklappen. Beide Längskanten an den Mittelkniff legen, wieder bügeln. Dann den Streifen erneut am Mittelbruch bügeln (siehe auch Seite 144, in diesem Fall wird der Streifen jedoch nicht asymmetrisch gefaltet). Ein Ende aufklappen, die Schmalseite 1,3 mm einschlagen und den Streifen wieder am Mittelbruch falten. Dabei werden die unversäuberten Stoffkanten eingeschlossen. Nur an einer Schmalseite bleiben sie sichtbar.

8 Damit sich die Stoffe nicht verschieben, sollten Sie einen Oberstofftransportfuß verwenden. Die lange, doppelt liegende Seite knappkantig zusammensteppen. Beginnen Sie in 1,5 cm Abstand zum Ende, damit dieses nicht in das Stichloch der Nadel gezogen wird. Stellen Sie einen Elastikstich ein, sonst kann die Naht leicht reißen, wenn das Band beim Binden gedehnt wird. Die ersten 1,5 cm, die nicht gesteppt wurden, abschneiden. Das zweite Band ebenso nähen (Schritt 7–8).

Das Futter in die Jacke nähen

9 Die äußere Jacke (Hauptstoff) auf rechts drehen, das Futter (Kontrastfarbe) auf links lassen. Das Futter glatt auf eine Arbeitsfläche legen. Die Ärmel der äußeren Jacke rechts auf rechts in die Futterärmel schieben. Die äußere Jacke ganz ins Futter einlegen, alle Nähte und Kanten genau aufeinander ausrichten. Der Hauptstoff soll nirgends hervorschauen. Alle Kanten zusammenstecken.

10 Je ein Band (in Schritt 7–8 genäht) an den vorderen Ecken zwischen Oberstoff und Futter schieben. Das abgeschnittene Ende 6 mm unter der vorderen Ecke feststecken, das restliche Band liegt zwischen den Stofflagen der Jacke – und zwar so, dass es beim Nähen nicht versehentlich mitgefasst werden kann. Das zweite Band an der anderen Ecke ebenso feststecken.

11 Die äußeren Kanten von Futter und Oberstoff in einem Zug zusammennähen. Dabei die Enden der Bänder in der Naht mitfassen.

12 In einen Ärmel greifen und durch diesen die Jacke auf rechts wenden. Die Futterärmel wieder in die Ärmel aus dem Hauptstoff schieben. Vorderkanten, Unterkante und Halsausschnitt flach bügeln. Die Bänder sitzen jetzt an den Ecken der beiden Vorderteile.

Fertigstellung

13 Die Stofflagen eines Ärmels glatt streichen. Die unteren Ärmelnähte aufeinanderlegen. Die eingeschlagenen Saumkanten aufeinander ausrichten und stecken. Die Saumkante mit geradem Steppstich (3 mm lang) in 6 mm Abstand zur Bruchkante absteppen (siehe auch Seite 141). Den anderen Ärmel ebenso säumen.

14 Die Markierung für das Knopfloch vom Schnittmuster auf die rechte Seitennaht übertragen. Es soll genau auf der Nahtlinie sitzen. Verwenden Sie zum Anzeichnen auf der rechten Stoffseite immer einen Stift, der sich leicht entfernen lässt.

15 Die Nähte von Futter und Oberstoff an der Position des Knopflochs genau aufeinanderlegen und in etwas Abstand zum Knopfloch mit Stecknadeln oder einigen Heftstichen fixieren. Nun das Knopfloch nähen. Wenn Ihre Nähmaschine eine Knopfloch-Einstellung hat, richten Sie sich nach den Hinweisen des Geräteherstellers. Hat Ihre Maschine keine Knopfloch-Einstellung, nähen Sie eine lange Raupe mit sehr engen, schmalen Zickzackstichen (0,5 mm lang × 2 mm breit). Für den Querriegel am Ende einen breiten, engen Zickzackstich einstellen, dann wenden und mit dem schmalen Stich die zweite Raupe so nähen. Am anderen Ende den zweiten Querriegel mit breiten Stichen nähen (**Abb. 3** auf Seite 14).

16 Das Knopfloch mit einem Nahttrenner oder einer Stickschere aufschneiden – von beiden Enden zur Mitte, um nicht die Querriegel durchzutrennen.

17 Am Kreuzungspunkt der beiden Vorderteile mit einem Textilstift die Position des Druckknopfes anzeichnen: auf der Innenseite des oben liegenden Vorderteils und auf der Außenseite des unten liegenden Vorderteils.

18 Das Unterteil des Druckknopfes von Hand mit überwendlichen Stichen (siehe Seite 143) auf die Markierung am unten liegenden Vorderteil nähen. Das Oberteil des Druckknopfs auf die Markierung auf der Innenseite des oberen Vorderteils nähen. Das Band am unteren Vorderteil durch das Knopfloch an der Seitennaht ziehen, um die Jacke zuzubinden.

Kinderkleidung: Bitte bedenken!

Kleidung ist unsere zweite Haut. Sie schützt uns vor den Elementen und wärmt uns. Für Erwachsene dient Kleidung auch dazu, sich als Mitglied einer Gruppe oder eines Berufsstandes zu erkennen zu geben, einen besonderen Anlass zu würdigen oder sich auf gesellschaftlicher Ebene auszudrücken. Für die Kleiderwahl bei Kindern gelten ganz andere Kriterien. Als Mutter muss ich entscheiden, was mein kleiner Sohn anziehen soll. Beim Nähen oder Kaufen von Kinderkleidung stelle ich mir drei Fragen:

Ist es bequem?

• Babys und Kleinkinder sollten immer bequeme Kleidung tragen. Sie entdecken die Welt und wir können etwas dafür tun, dass sie positive Eindrücke sammeln. Ich bevorzuge Jersey und Maschenstoffe aus organischer Baumwolle oder Wolle. Für warmes Wetter nähe ich auch gern Hemden und Hosen aus Baumwoll-Leinen-Mischgewebe. Synthetikfasern vermeide ich, weil sie nicht so gut atmen wie Naturfasern.

Auch die folgenden Punkte sollten Sie beim Kauf von Stoffen oder Kleidung bedenken:

• Wie fühlt sich das Material auf der Haut an? Kleine Kinder haben eine empfindlichere Haut als Erwachsene. Kaufen Sie die beste Qualität, die Sie sich leisten können.

• Schauen Sie sich die Nähte auf der Innenseite an. Liegen sie frei? Fühlen sie sich rau an? Vor allem Neugeborene sollten Kleidung ohne frei liegende Nahtzugaben tragen. Kleidung, die nicht gefüttert ist, drehen Sie notfalls auf links, damit die Nähte nicht kratzen. Auch größere Kinder mögen Kleidung mit Flatlock-Nähten, die wegen der speziellen Nähtechnik flach liegen.

Lässt es genug Bewegungsfreiheit?

• Dieses Thema betrifft vor allem kleine Mädchen. Bei Jungskleidung ist Bewegungsspielraum die Regel, bei Mädchenkleidung ist das nicht immer der Fall. Dabei müssen sich Kinder beiderlei Geschlechts ungehindert austoben können, klettern, erkunden und sich draußen schmutzig machen. Natürlich gibt es Anlässe für feinere Kleidung, doch die sollten auf ein Minimum reduziert werden. Mädchen im Krabbelalter sollten keine Kleider oder Tunika-Oberteile tagen, weil sie beim Krabbeln behindern. Für größere Mädchen, die sich gern einmal »hübsch machen«, sind leichte Jerseykleider ideal, die über Leggings oder kurzen Hosen getragen werden. Schließlich soll die Kleidung nicht bestimmen, was gespielt wird.

• Für Babys und kleine Kinder bevorzuge ich elastische Stoffe, die nachgeben und nicht einengen. Baumwoll-Interlockjersey eignet sich bestens für Hosen, die auch ohne Overlock-Nähmaschine schnell zusammengenäht sind. Wenn Sie noch nie Maschenware verarbeitet haben, lesen Sie zuerst die Tipps auf Seite 140, ehe Sie eine Näharbeit in Angriff nehmen. Es ist gar nicht so schwierig. Schnittmuster für Kinderkleidung aus gewebten Stoffen gibt es reichlich, darum habe ich mich in diesem Buch auf Modelle aus Jersey und anderer Maschenware konzentriert.

Fördert es die Unabhängigkeit?

• Ein wichtiges Thema, denn es geht darum, kleinen Kindern Frustration zu ersparen (und die Nerven von Mama und Papa zu schonen). Kinder mögen gern Kleidung, die sie selbst an- und ausziehen können. Zwergenjeans sind niedlich, aber tückisch. Ein Dreijähriger schafft es nicht immer, Gürtel, Metallknopf und Reißverschluss zu öffnen und dann noch rechtzeitig auf die Toilette zu kommen. Das gilt auch für Latzhosen und Overalls. Kinder, die selbst auf die Toilette gehen, brauchen Kleidung, die sie leicht an- und ausziehen können. Praktisch sind Gummibündchen, Klettverschlüsse oder Druckknöpfe anstelle von Reißverschlüssen. Den Umgang mit komplizierteren Verschlüssen kann Ihr Kind beim Spielen mit Puppen (siehe Seite 56) oder beim Verkleiden (siehe Seite 76) ausgiebig üben. Babys ziehen sich zwar nicht selbst an, aber wenn Sie Mühe haben, Ihr zappelndes Kind ohne Frust an- oder auszuziehen, dann sollten Sie sich nach unkomplizierterer Kleidung umsehen.

• Wenn sich ein bestimmter Stil für Ihr Kind bewährt, kaufen Sie gleich mehrere ähnliche Teile, die sich gut kombinieren lassen. Manche kleinen Kinder suchen gern selbst aus, was sie anziehen möchten, unsere finden es schwierig, wieder anderen ist völlig egal, was sie tragen. Die Wahl zwischen Alternativen sollte aber einfach sein – etwa zwischen einem roten und einem weißen Shirt desselben Schnitts. Bewahren Sie die Kinderkleidung nicht im Kinderzimmer auf. Schlagen Sie für jeden Tag zwei denkbare Möglichkeiten vor und lassen Sie das Kind entscheiden.

Pumphose weich gefüttert

Babys, die dicke Stoffwindeln tragen, kommen ohne solche Hosen nicht aus. Aber auch wenn Sie Wegwerfwindeln benutzen, wird Ihr Kind die Bewegungsfreiheit lieben, die diese niedliche Hose bietet.

Mein Sohn trug Stoffwindeln und die gekauften Strampelhosen waren so eng, dass sie seine Bewegungen behinderten. Also erfand ich dieses Modell – eine geräumige Hose, in der Babys bestens sitzen, krabbeln oder auch laufen lernen können. Gummizüge halten die Hosenbeine oberhalb des Knöchels, wo sie aktiven Kleinkindern nicht in die Quere kommen können.

FERTIGE GRÖSSE Für Kinder im Alter von 0–6 (6–12, 12–18, 18–24) Monaten. Innere Beinlänge 15 (19, 21,5, 25,5 cm). Weitere Informationen zu den Größenangaben finden Sie in der Tabelle auf Seite 145. Das abgebildete Modell passt Kindern von 6–12 Monaten.

STOFFE + KURZWAREN

- 58 (58, 69, 69) cm Baumwoll-Interlockjersey, 155 cm breit (Hauptstoff, für die Außenseite)
- 58 (58, 69, 69) cm Baumwoll-Interlockjersey, 155 cm breit (Kontrastfarbe, für das Futter)
- 76 (80, 83, 87) cm Gummiband, 6 mm breit
- Passendes Nähgarn
- Schnittmustervlies oder Schneiderkopierpapier

WERKZEUG + ZUBEHÖR

- Schnittmuster aus der Tasche hinten im Buch
- Nähmaschinennadel für Jersey
- Stecknadeln für Jersey
- Rollschneider, Quiltlineal und Schneidematte (nach Belieben zum Zuschneiden)
- Oberstofftransportfuß für die Nähmaschine (nach Belieben)
- Sicherheitsnadel
- Overlock-Nähmaschine (nach Belieben)

Hinweise

- Sofern in der Anleitung nichts anderes angegeben ist, beträgt die Nahtzugabe 6 mm.
- Alle Stoffe vor der Verarbeitung waschen, trocknen und bügeln. Achten Sie darauf, Maschenware beim Bügeln und Zuschneiden auf keinen Fall zu dehnen.
- Praktische Hinweise zur Verarbeitung von Maschenware finden Sie ab Seite 140.
- Maschenware immer mit Nähmaschinennadeln für Jersey oder Stretch nähen.
- Nähere Informationen zur Handhabung der Schnittmuster finden Sie auf Seite 146. Sofern nichts anderes angegeben ist, werden alle Markierungen auf die linke Stoffseite übertragen.
- Wenn das Stoffmuster eine Laufrichtung hat, achten Sie darauf, alle Teile richtig herum zuzuschneiden.
- Sie können diese Hose auch aus gewebtem Baumwollstoff oder Flanell nähen. Wechseln Sie dann die Nähmaschinennadel, denn Jerseynadeln sollten nur für Jersey verwendet werden. Weil gewebter Stoff weniger nachgibt als gewirkter oder gestrickter, kann es sinnvoll sein, die Hose eine Nummer größer zu nähen.

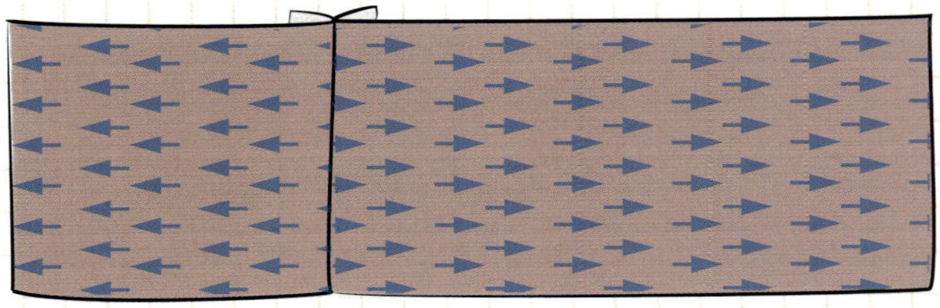

Abb. 1

Zuschneiden

1 Die Schnittmusterteile mit allen Markierungen auf Schnittmustervlies oder Schneiderkopierpapier übertragen und ausschneiden. Für Außenstoff und Futter der Beine gelten verschiedene Schnittlinien.

2 Die folgenden Teile aus dem Außenstoff zuschneiden. Orientieren Sie sich dabei am Schnittauflageplan auf Seite 149. Alle Markierungen des Schnittmusters auf die linke Stoffseite übertragen.

* Zwei Hosenbeine
* Ein vorderes Mittelteil
* Ein hinteres Mittelteil

Diese Teile aus dem kontrastfarbenem Futterstoff zuschneiden:

* Zwei Hosenbeine (Futter)
* Ein vorderes Mittelteil
* Ein hinteres Mittelteil

Die Hose zusammennähen

3 Mit dem Außenstoff beginnen. Ein Hosenbein rechts auf rechts längs zur Hälfte falten, die unteren Markierungen ausrichten und die innere Beinnaht stecken. Von der unversäuberten Unterkante bis zur unteren Markierung nähen. Die Nahtzugaben auseinanderbügeln. Mit dem zweiten Hosenbein ebenso verfahren. Dann die Hosenbeine aus Futterstoff ebenso zusammennähen.

4 Das vordere und hintere Mittelteil aus dem Außenstoff rechts auf rechts aufeinanderlegen. Die Markierungen an einer Schmalseite ausrichten, dann diese Schmalseite stecken und nähen. Die Nahtzugaben auseinanderbügeln. Wenn das Muster eine Richtung hat, läuft diese jetzt entgegengesetzt (**Abb. 1**). Die Mittelteile aus dem Futterstoff ebenso zusammensetzen.

5 Ein Hosenbein aus Außenstoff rechts auf rechts an das Mittelteil aus Außenstoff stecken, dabei die Nähte und Markierungen ausrichten (**Abb. 2** auf Seite 22). Nähen und die Nahtzugaben auseinanderbügeln. Das zweite Hosenbein ebenso an die freie Seite des Mittelteils stecken, nähen und die Nahtzugaben auseinanderbügeln. Mittelteil und Hosenbeine aus Futterstoff ebenso zusammensetzen. Jetzt sind die äußere und die innere Hose fertig.

6 Die äußere Hose (Hauptstoff) auf rechts wenden, die innere (Kontrastfarbe) auf links. Die äußere Hose rechts auf rechts in die innere schieben. Die Ansatznähte der Hosenbeine an die Mittelteile aufeinander ausrichten. Dann die Oberkanten bündig aufeinanderstecken. Ringsherum zusammennähen. Die Hose durch ein Hosenbein wenden, dann das Futter in den Außenstoff schieben und wieder

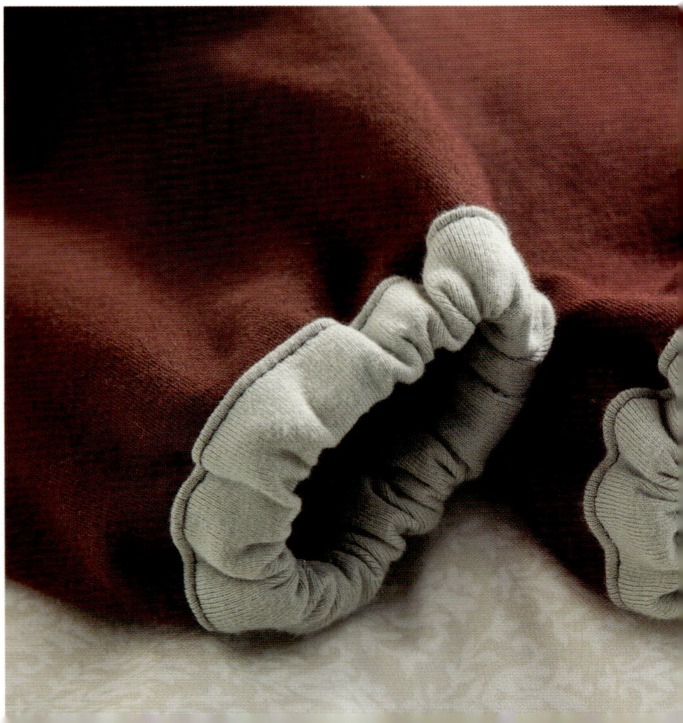

die Nähte ausrichten. Darauf achten, dass die Beine nicht verdreht sind. Alle Nahtzugaben liegen nun zwischen den Stofflagen.

Der Taillen-Gummizug

7 Die obere Kante flach bügeln. In 1,5 cm Abstand zur Oberkante absteppen (siehe Seite 141), dabei hinten ein 2,5 cm langes Stück Naht zum Einziehen des Gummibandes offen lassen.

8 Ein Stück Gummiband (1,3 cm breit) von 43 (44,5, 45,5, 47) cm Länge abschneiden. An einem Ende eine Sicherheitsnadel befestigen und diese in die Nahtöffnung (Schritt 7) schieben. Das andere Ende des Gummibandes an die Hose stecken, damit es nicht in den Tunnel rutscht. Die Sicherheitsnadel durch den Tunnel und durch die Nahtöffnung wieder herausfädeln. Das Gummiband im Tunnel nicht verdrehen! Die Kräuselfältchen gleichmäßig verteilen und eventuell die Länge des Gummibandes anpassen. Die Sicherheitsnadel entfernen. Die Enden des Gummibandes 1,5 cm aufeinanderlegen und mehrmals durch beide Lagen hin und her nähen (**Abb. 3**). Die Nahtstelle des Gummibandes in den Tunnel schieben.

9 Die Öffnung in der Steppnaht am Gummizug in 1,5 cm Abstand zur Oberkante zusteppen.

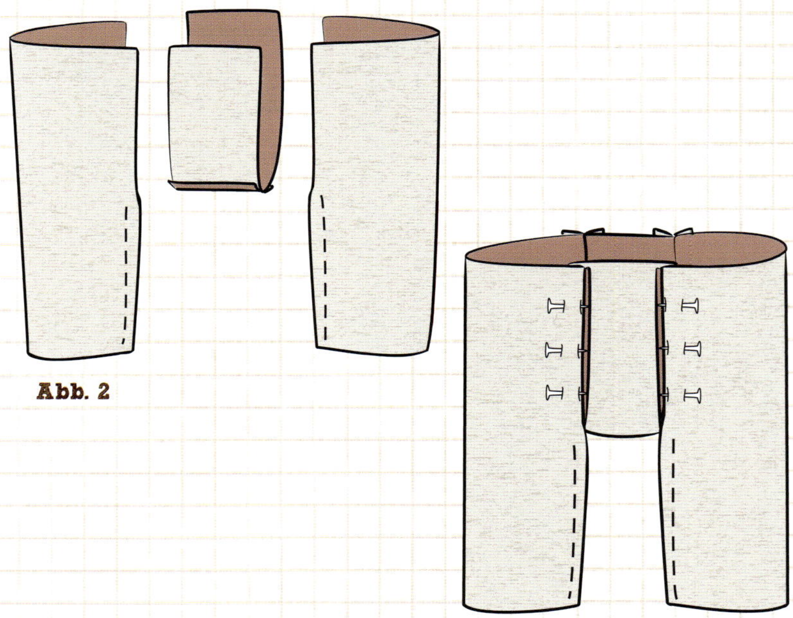

Abb. 2

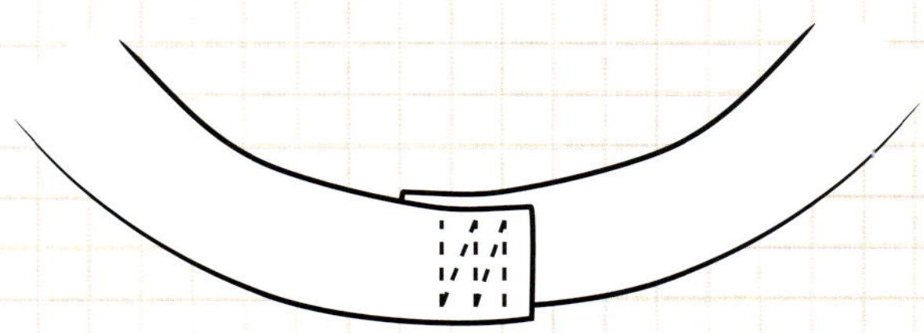

Abb. 3

= linke Stoffseite

Die Beinabschlüsse

10 Der Futterstoff ist an den Beinöffnungen etwa 3,5 cm länger als der Außenstoff. Die Kante jedes Futter-Hosenbeins 6 mm breit nach links umbügeln, dann die restlichen 2,5 cm nach links umbügeln. Das Futter über die unversäuberte Kante des Außenstoffes zur Außenseite der Hose umschlagen und feststecken. Dicht neben der oberen Bruchkante absteppen (Seite 141), dabei an der Beininnennaht eine 1 cm große Öffnung zum Einziehen des Gummibandes lassen.

11 Zwei Stücke Gummiband von 16,5 (18, 18.8, 19,5) cm Länge abschneiden, wie in Schritt 8 in die Tunnelzüge einfädeln und zusammennähen. Die Nahtöffnungen zusteppen.

Baby-Beinstulpen

Die winzigen Beinstulpen halten während des Windelwechsels die Beine des Babys schön warm. An einem gemütlichen Tag zu Hause kann Ihr Nachwuchs mit einem Shirt, einer Windel und solchen Stulpen herumkrabbeln. Damit die Stulpen perfekt passen, messen Sie Umfang und Länge der Beine Ihres Babys und machen das Schnittmuster einfach selbst.

FERTIGE GRÖSSE Variabel, maßgeschneidert für Ihr Baby.

STOFFE + KURZWAREN

- 23–35 cm dünner Baumwoll-Feinripp, 110 cm breit
- Passendes Nähgarn

WERKZEUG + ZUBEHÖR

- Nähmaschinennadel für Jersey
- Nähnadel zum Nähen von Hand
- Jersey-Stecknadeln

Hinweise

- Sofern nichts anderes angegeben ist, beträgt die Nahtzugabe an allen Teilen 6 mm.
- Bitte beachten Sie auch die Verarbeitungshinweise auf Seite 20.
- Solche engen Schläuche sind etwas knifflig zu säumen. Ich schlage die Stoffkanten meist nach innen ein und setze auch das Nähfüßchen innen auf, sodass seine rechte Kante parallel zur unversäuberten Kante des Stoffes liegt. Dann läuft der Stoff relativ glatt um das Füßchen herum (siehe auch Abb. 1 auf Seite 120) und man läuft weniger Gefahr, den Stoffschlauch versehentlich zuzunähen.

1 Den Umfang des Oberschenkels messen. Weil der Stoff elastisch ist, dient dieses Maß als Schnittmusterbreite. Nahtzugaben werden nicht zugegeben.

2 Die Beinlänge vom Oberschenkel bis zum Knöchel messen. 1,3 cm für die Säume addieren. Dieses Maß ergibt die Schnittmusterlänge.

3 Vier Rechtecke in den ermittelten Längen und Breiten zuschneiden. Die Breite muss quer zum Fadenlauf liegen, weil der Stoff in Querrichtung besonders elastisch ist.

4 Ein Rechteck längs zur Hälfte falten, die Längsseiten aufeinander ausrichten und zusammennähen. So entsteht ein Schlauch. Die Nahtzugaben auseinanderbügeln. Die anderen Rechtecke ebenso zusammennähen.

5 Einen Schlauch auf rechts wenden (Nahtzugaben liegen innen), einen zweiten auf links drehen (Nahtzugaben außen) und in den ersten schieben. So drehen, dass die Nahtzugaben nicht aufeinanderliegen. Die unversäuberten Kanten bündig aufeinanderstecken. An einem Ende ringsum zusammennähen. Evtl. größere Stichlänge einstellen (2–2,5 mm).

6 Vom offenen Ende her den Schlauch auf rechts wenden. Alle Nahtzugaben liegen nun innen. Unversäuberte Kanten nach links einschlagen, bügeln. Ein Schlauchende in das andere ziehen, sodass alle Nahtzugaben zwischen den Stofflagen liegen. Die umgebügelten Enden bündig aufeinanderstecken und mit Elastik- oder 2,0–2,5 mm breitem Zickzackstich ringsum durch alle Stofflagen zusammennähen. Diese Naht ist von außen sichtbar.

Bequemes Shirt

Dieses praktische Shirt eignet sich für Jungen und Mädchen und lässt sich prima kombinieren. Es ist mit langen oder kurzen Ärmeln schnell genäht, wenn Sie den Bogen erst einmal heraus haben. Für Mädchen lässt sich die Einfassung an kurzen Ärmeln beim Nähen etwas dehnen, sodass Puffärmel entstehen (siehe Seite 141). Vielleicht möchten Sie das schlichte Shirt lieber mit einem Foto-Aufnäher des Lieblingshaustiers verzieren (siehe Seite 29)? Erlauben Sie dem Kind, die Farbe für das Shirt selbst auszusuchen. Nähen Sie dazu gleich eine Jeans mit Taschen (Seite 30) für den Tag oder eine Schlafanzughose (Seite 118) für die Nacht.

FERTIGE GRÖSSE 2 (3, 4, 5) Jahre. Rückenlänge in der hinteren Mitte 38,5 (40,5, 42, 43) cm. Weitere Informationen zu den Größenangaben finden Sie in der Tabelle auf Seite 145. Das abgebildete Modell passt Kindern von 3 Jahren.

STOFFE + KURZWAREN

- Shirt mit kurzen Ärmeln: 58 (58, 69, 69) cm Baumwoll-Jersey oder Interlockjersey, 155 cm breit (Hauptstoff)

ODER

Shirt mit langen Ärmeln 58 (58, 69, 69) cm Baumwoll-Jersey oder Interlockjersey, 155 cm breit (Hauptstoff)

- 12 cm dünner Baumwoll-Feinripp oder Interlockjersey, 115–150 cm breit (Kontrastfarbe, für alle Größen)
- Passendes Nähgarn
- Schnittmustervlies oder Schneiderkopierpapier

WERKZEUG + ZUBEHÖR

- Schnittmuster aus der Tasche hinten im Buch
- Nähmaschinennadel für Jersey
- Stecknadeln für Jersey
- Rollschneider, Quiltlineal und Schneidematte (nach Belieben zum Zuschneiden)
- Oberstofftransportfuß für die Nähmaschine (nach Belieben)
- Nadel zum Nähen von Hand
- Overlock-Nähmaschine (nach Belieben, siehe Hinweise)

Hinweise

- Sofern nichts anderes angegeben ist, beträgt die Nahtzugabe 1 cm.
- Alle Stoffe vor der Verarbeitung waschen, trocknen und bügeln. Maschenware darf beim Bügeln und Zuschneiden nicht gedehnt werden.
- Praktische Hinweise zur Verarbeitung von Maschenware finden Sie ab Seite 140.
- Nähere Informationen zur Handhabung der Schnittmuster finden Sie auf Seite 146. Sofern nichts anderes angegeben ist, werden alle Markierungen auf die linke Stoffseite übertragen.
- Maschenware immer mit Nähmaschinennadeln für Jersey oder Stretch nähen.
- In einer Overlock-Nähmaschine sollten Sie als Unterfaden weiches Nylon-Bauschgarn verwenden, das nicht kratzt.

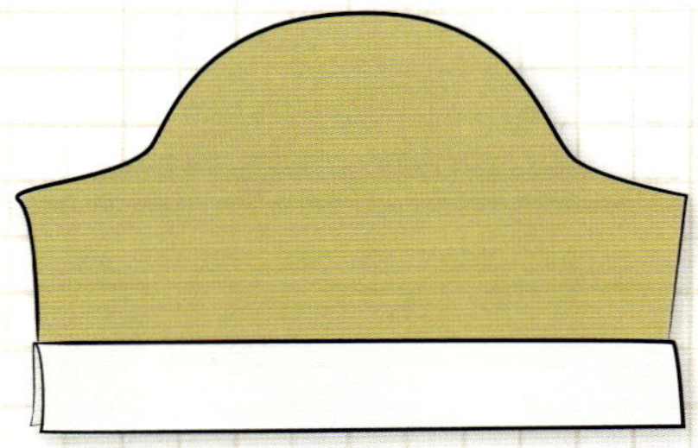

Abb. 1

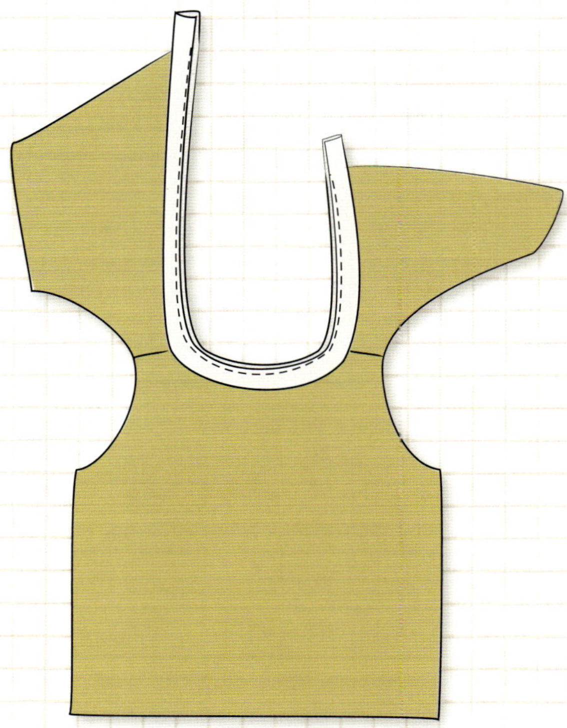

Abb. 2

Zuschneiden

1 Die Schnittmusterteile mit allen Markierungen auf Schnittmustervlies oder Schneiderkopierpapier übertragen und ausschneiden.

2 Aus dem Hauptstoff die folgenden Teile zuschneiden. Orientieren Sie sich dabei am Schnittauflageplan auf Seite 150:

* Ein Rückenteil im Stoffbruch
* Ein linkes Vorderteil (Übertritt)
* Ein rechtes Vorderteil (Untertritt)
  In der Anleitung werden diese nur als »linkes Vorderteil« und »rechtes Vorderteil« oder »Vorderteile« bezeichnet.
* Zwei Ärmel (nach Belieben lang oder kurz)

3 Aus Baumwoll-Feinripp die folgenden Teile zuschneiden. Die Rippen verlaufen quer zur Längsseite der Streifen, sodass diese in Längsrichtung stärker dehnbar sind.

* Zwei Streifen, je 91,5 × 5 cm

:: Tipp

Bei Maschenware sind die rechte und linke Stoffseite manchmal schwer zu unterscheiden. Markieren Sie sich die linke Seite beim Zuschneiden mit Schneiderkreide, auswaschbarem Textilstift oder Kreppklebeband.

Für ein Shirt mit kurzen Ärmeln:

* Zwei Streifen, je 35,5 × 5 cm

Für ein Shirt mit langen Ärmeln:

* Zwei Streifen, je 25,5 × 5 cm

Die Ärmelkanten einfassen

4 Alle Streifen aus Feinripp (in Schritt 3 zugeschnitten) vorbereiten. Längs zur Hälfte falten, die unversäuberten Kanten aufeinander ausrichten. Den Bruch bügeln, dabei den Stoff nicht dehnen. Die längeren Streifen beiseitelegen.

5 Die weitere Vorbereitung der Einfassungen ist auf Seite 141 beschrieben. Einen Streifen rechts auf rechts bündig an die Unterkante eines Ärmels stecken (**Abb. 1**). Zusammennähen, dabei die Stoffe gleichmäßig unter den Nähfuß führen und nicht dehnen. Ich nähe Rippware lieber an, ohne sie zu stecken.

Für einen Puffärmel die Einfassungen wie oben beschrieben vorbereiten, dann von jedem Streifen 5 cm abschneiden. Die Streifen an den Enden und in der Mitte an den Ärmel stecken und beim Annähen etwas dehnen. Dadurch zieht die Einfassung den unteren Rand des Ärmels leicht zusammen. Die Nahtzugaben vom Rippstoff weg bügeln. Den anderen Ärmel ebenso einfassen.

Das Shirt zusammennähen

6 Rücken und Vorderteile an den Schultern bündig aufeinanderlegen und stecken, dabei auf die richtige Lage des rechten und linken Vorderteils achten. Die Schulternähte mit der Overlock-Maschine nähen oder mit Zickzack- oder Elastikstich steppen. Die Nahtzugaben zum Rücken bügeln.

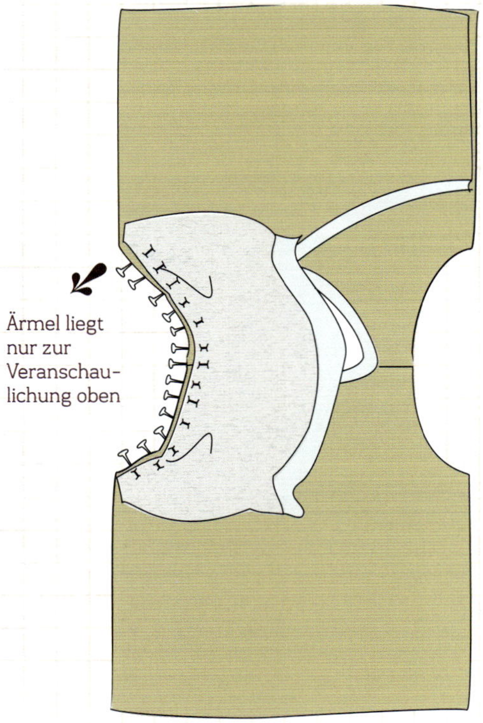

Abb. 3

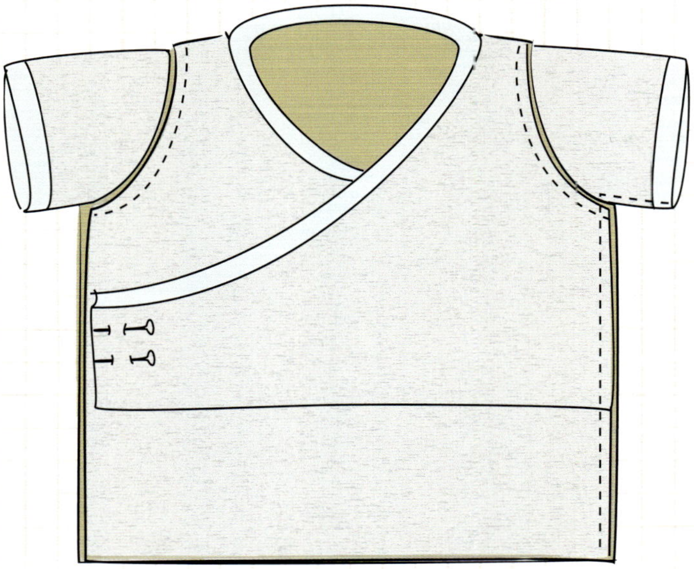

Abb. 4

= linke Stoffseite

7 Einen der langen gefalteten Streifen Feinripp an die Ausschnittkante nähen und an den Enden beidseitig mindestens 2,5 cm über den Hauptstoff überstehen lassen. Die unversäuberten Längskanten des Streifens bündig an der Ausschnittkante ausrichten. Das Shirt flach hinlegen (**Abb. 2** auf Seite 26) und an der Seitenkante des rechten Vorderteils zu nähen beginnen. Weiter über die rechte Schulternaht, den hinteren Ausschnitt, die linke Schulternaht und das linke Vorderteil nähen (**Abb. 2** auf Seite 26). Den Feinrippstreifen beim Annähen leicht dehnen, aber nicht so stark, dass sich der Hauptstoff kräuselt. Die Nahtzugaben zum Hauptstoff bügeln.

8 Die Mittelmarkierung eines Ärmels (obere Rundung) an eine Schulternaht stecken. Ärmelkante und Armausschnittkante bündig zusammenstecken, dann die Naht steppen. Die gerundete Naht lässt sich leichter nähen, wenn der Ärmel unten liegt. Die Nahtzugaben zum Ärmel bügeln (**Abb. 3**). Den anderen Ärmel ebenso einsetzen.

Unterarm- und Seitennähte schließen

9 Das Shirt so hinlegen, wie es aussehen soll, wenn es fertig ist: linke Stoffseiten innen, unversäuberte Kanten an den Seiten und unter den Armen genau aufeinander. Die Ripp-Einfassungen stehen über die Seiten hinaus. Das rechte Vorderteil unter das linke schieben (siehe Fotos). Die Markierungen an der rechten Seitennaht aufeinander ausrichten. Das rechte Vorderteil zwischen den Markierungen an der linken Seitennaht anlegen. Die Vorderteile zusammenstecken, aber nicht ans Rückenteil stecken. Die Vorderteile glatt streichen und dort, wo sich die Ausschnittkanten kreuzen, zusammenstecken. Nicht am Rückenteil feststecken.

10 An der Nähmaschine einen 3 mm langen Geradstich einstellen. Das Shirt auseinanderfalten und 3 mm neben der Einfassung auf dem Hauptstoff absteppen. An der rechten Seitennaht auf dem überlappenden Vorderteil beginnen und durch beide Vorderteile nähen. In einem Zug an der

:: Pfiffige Verzierungen

Schlichte Shirts lassen sich mit selbst gedruckten Applikationen ganz einfach verzieren. Sie brauchen dafür nur einen Tintenstrahldrucker und bedruckbaren Stoff in Weiß oder Creme. Diese Spezialstoffe im Format A4 sind mit einem Trägerpapier versehen, sodass der Drucker sie einziehen kann. Lesen Sie unbedingt die Herstellerhinweise, um sicherzugehen, dass sich das jeweilige Produkt für Ihren Drucker eignet, und halten Sie sich beim Bedrucken genau an die Gebrauchsanweisung. Verwenden Sie ein Foto in möglichst guter Bildqualität. Das gedruckte Motiv ausschneiden, dabei ringsherum 6 mm Nahtzugabe zugeben. Diese wird nach links umgefaltet. Den Bereich, der verziert werden soll, auf der linken Seite des Shirts mit ausreißbarem Stickvlies verstärken: Einfach das Trägerpapier abziehen und das Vlies aufkleben. Das Foto auf die Vorderseite stecken und mit Geradstich oder Zickzackstich aufsteppen. Danach das Stickvlies abreißen.

Einfassung entlang über die Schulter, um den hinteren Halsausschnitt und auf dem unten liegenden Vorderteil entlangsteppen. Am Kreuzungspunkt der Vorderteile die Einfassung des linken Vorderteils aus dem Weg klappen. Durch die Steppnaht wird die Nahtzugabe der Einfassung fixiert. Sie können auch von der rechten Seitennaht bis zum Kreuzungspunkt der Vorderteile in der Naht steppen (Seite 142).

11 Das zusammengesetzte Vorderteil rechts auf rechts auf das Rückenteil legen. Die rechte Seiten- und Unterarmnaht stecken. Vom Ärmel zum Saum in einem Zug zusammennähen, dabei das Ende der Ripp-Einfassung in der Naht mitfassen (**Abb. 4**). Danach das überstehende Ende der Einfassung abschneiden. Die Nahtzugaben zum Rückenteil bügeln.

Taillenbündchen und linke Seitennaht

12 Die linke Seitennaht des Shirts rechts auf rechts stecken, aber die letzten 10 cm offen lassen.

13 Den letzten gefalteten Streifen Feinripp vorbereiten (siehe Seite 141) und rechts auf rechts kantenbündig an die Unterkante des Shirts stecken. Rippstoff und Hauptstoff müssen die gleiche Länge haben, sofern das Shirt nicht durch das Bündchen eingehalten werden soll. Den Feinripp an das Shirt nähen und die Nahtzugaben zum Hauptstoff bügeln.

14 Die linke Seitennaht nun bis unten stecken. Wie in Schritt 11 vom Ärmel zum Saum nähen und die Nahtzugaben zum Rückenteil bügeln.

Robuste Jeans

mit Taschen

Kinder finden ständig spannende Dinge, die sie in die Tasche stecken – eine Hose ohne Taschen geht deshalb gar nicht. Diese robuste Jeans ist praktisch und sieht mit den kontrastfarbenen Einfassungen außerdem niedlich aus. Der Schnitt ist einfach – und wer möchte, kann die Hose zusätzlich besticken oder vielleicht eine Applikation auf ein Knie setzen. Die abgebildete Hose ist aus Jeansstoff genäht, Sie können aber auch andere robuste gewebte Stoffe verwenden. Wie wäre es mit bedrucktem Denim, Baumwollköper, Leinen oder Cord?

FERTIGE GRÖSSE 2 Jahre (3 Jahre, 4 Jahre, 5 Jahre). Länge an der Seitennaht 45,5 (51, 56, 62) cm. Zusätzliche Informationen zu den Größenangaben finden Sie in der Tabelle auf Seite 145. Das hier abgebildete Modell passt Kindern von etwa 3 Jahren.

STOFFE + KURZWAREN

- 61 (61, 80, 80) cm Jeansstoff, Baumwollköper oder Cord, 120 cm breit (Hauptstoff)

  ODER

  61 (61, 69, 69) cm Jeansstoff, Baumwollköper oder Cord, 154–160 cm breit (Hauptstoff)
- 46 cm Baumwollstoff, 120–150 cm breit (Kontrastfarbe, für Besätze)
- 60 (62,5, 65, 67,5) cm Gummiband, 2 cm breit (für das Taillenbündchen)
- Passendes Nähgarn
- Schnittmustervlies oder Schneiderkopierpapier

WERKZEUG + ZUBEHÖR

- Schnittmuster aus der Tasche hinten im Buch
- Rollschneider, Quiltlineal und Schneidematte (nach Belieben zum Zuschneiden)
- Sicherheitsnadel
- Oberstofftransportfuß (nach Belieben)
- Overlock-Nähmaschine (nach Belieben)

Hinweise

- Sofern nichts anderes angegeben ist, betragen die Nahtzugaben 1,3 cm.
- Alle Stoffe vor der Verarbeitung waschen, trocknen und bügeln.
- Bei der abgebildeten Hose wurde als »Kontrastfarbe« die Rückseite des Jeansstoffes verwendet.
- Die Nähte versäubern und feststeppen, damit sie nicht drücken (siehe Kasten auf Seite 35).

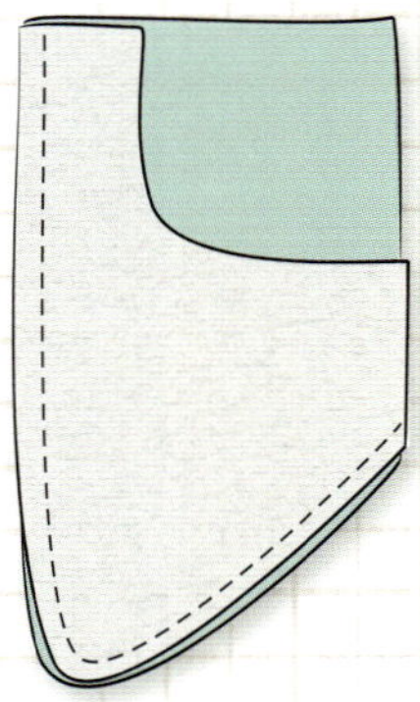

Abb. 1

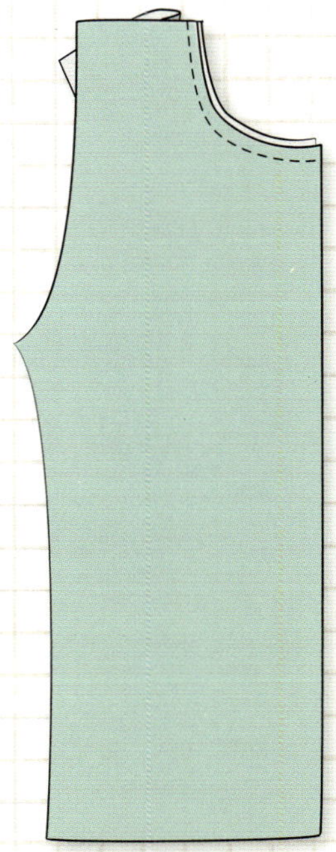

Abb. 2

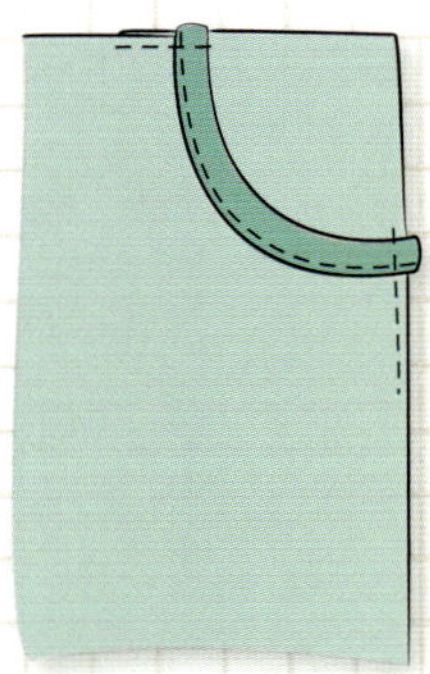

Abb. 3

= linke Stoffseite

Zuschneiden

1 Die Schnittmuster mit allen Markierungen auf Papier übertragen und ausschneiden. Den Hauptstoff rechts auf rechts längs zur Hälfte falten und die folgenden Teile zuschneiden. Orientieren Sie sich dabei an den Schnittauflageplänen auf Seite 151–153. Weil der Stoff doppelt liegt, werden jeweils zwei spiegelverkehrte Teile in einem Arbeitsgang zugeschnitten.

- Zwei hintere Beinteile
- Zwei vordere Beinteile
- Zwei Taschen
- Zwei Taschenbeutel

2 Aus dem kontrastfarbenen Stoff die folgenden Teile zuschneiden:

- Zwei Besätze
- Ein Bündchen
- Schrägstreifen zum Einfassen

3 Alle Kanten der Beinteile mit der Overlock-Nähmaschine oder Zickzackstichen versäubern, damit sie später nicht drücken oder kratzen (siehe Kasten Seite 35).

Die Taschen vorbereiten

4 Den Schrägstreifen zum Einfassen der Tascheneingriffe so vorbereiten, wie auf Seite 144 beschrieben ist. Nach dem Bügeln soll er 1,3 cm breit sein. Wenn Sie die Rückseite von Jeansstoff als »Kontrastfarbe« verwenden, muss beim vorbereitenden Bügeln die linke Seite nach außen zeigen.

5 Einen Taschenbeutel rechts auf rechts auf die entsprechende Tasche stecken und entlang der gerundeten Kante zusammennähen (**Abb. 1**). Die zweite Tasche ebenso vorbereiten.

6 Die vorbereiteten Taschen unter die vorderen Beinteile schieben. Taschenbeutel und vorderes Beinteil liegen dabei links auf links. Die Rundungen am Tascheneingriff genau aufeinander ausrichten und zusammenstecken. Mit der Nähmaschine und langen Geradstichen (3 mm) im Abstand von 6 mm zur Rundung zusammenheften (**Abb. 2**). Dabei die Tasche zur Seite klappen, damit sie nicht versehentlich mit festgenäht wird.

Lesen Sie bitte Seite 144 (Einfassung mit Briefecken, Schritt 1 und 2), bevor Sie die nächsten Schritte ausführen.

7 Den gefalteten Schrägstreifen so über die gerundeten Kanten schieben, dass er die Heftnaht vollständig verdeckt. Die breitere Seite des Streifens liegt auf der Innenseite des Taschenbeutels. Den Schrägstreifen leicht dehnen, damit er sich glatt um die Rundung legen lässt. Feststecken und mit etwas kürzeren Geradstichen

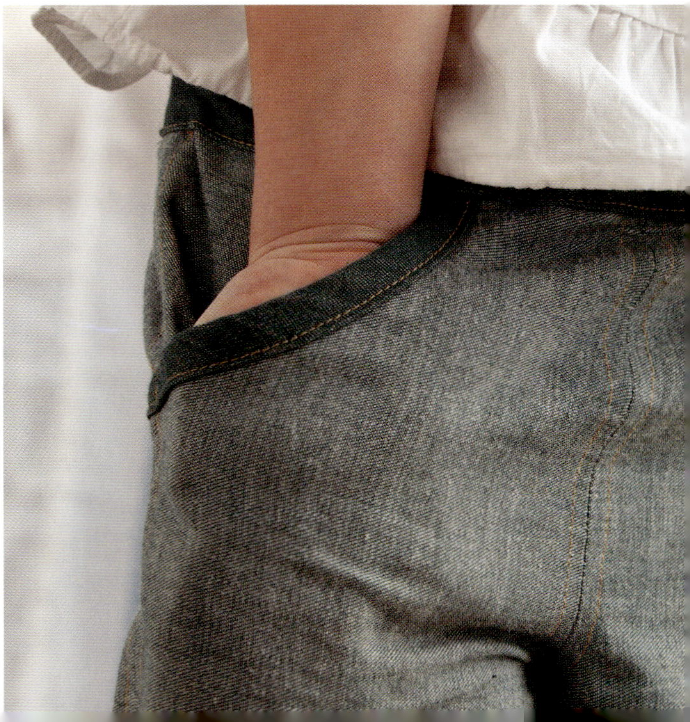

(2,5 mm) knappkantig durch alle Stofflagen feststeppen. Kontrollieren Sie, ob der Schrägstreifen auch auf der Innenseite der Tasche mitgefasst wird. Das größere Taschenteil zur Seite falten, um es nicht versehentlich festzunähen. Die überstehenden Enden des Schrägstreifens bündig mit den Seitenkanten abschneiden.

8 Mit langen Geradstichen (4 mm) Tasche und Hose oben und seitlich in 6 mm Abstand zu den Stoffkanten durch alle Stofflagen zusammenheften (**Abb. 3** auf Seite 32).

9 Die zweite Tasche ans andere Vorderteil setzen und mit dem restlichen Schrägstreifen einfassen (Schritt 6–8).

Die Hose zusammennähen

10 Die vorderen Beinteile rechts auf rechts aufeinanderlegen und die gerundeten Kanten genau aufeinanderstecken. Die Naht steppen, dann die Nahtzugaben auseinanderbügeln und feststeppen. Die hinteren Beinteile ebenso zusammennähen.

11 Nun vorderes und hinteres Hosenteil rechts auf rechts legen. Die äußeren Seitennähte stecken und nähen. Dann die Nahtzugaben auseinandersteppen, dabei auch die Taschen und deren Einfassungen feststeppen. Die zahlreichen Stofflagen, vor allem an der Taschenöffnung, lassen sich mit einer Jeansnadel am besten nähen.

12 Die inneren Beinnähte stecken und in einem Zug nähen: an einem Bein aufwärts, im Schritt wenden, am anderen Bein abwärts. Das Feststeppen der Nahtzugaben an diesen letzten Beinnähten ist etwas knifflig. Am besten steppen Sie beide Beine ganz langsam vom Schritt nach unten. Den Stoff glatt zu den Seiten schieben, damit keine Fältchen unter den Nähfuß geraten.

Das Taillenbündchen

Wenn Sie als »Kontrastfarbe« die Rückseite des Jeansstoffes verwenden, müssen Sie bei den folgenden Schritten die Anweisungen die für rechte und linke Stoffseite jeweils umkehren.

13 Den Streifen für das Bündchen rechts auf rechts quer zur Hälfte falten. Die Schmalseiten ausrichten und zusammennähen. Die Nahtzugaben auseinanderbügeln.

14 Die Hose ist noch immer auf links gedreht. Eine Längsseite des Bündchens an die Oberkante der Hose stecken. Die kurze Naht des Bündchens liegt genau über der hinteren Hosennaht. Die rechte Stoffseite des Bündchens liegt auf der linken Stoffseite der Hose. Ringsherum festnähen (**Abb. 4**), anschließend die Nahtzugaben auf 3 mm zurückschneiden und auseinanderbügeln.

15 Die Hose auf rechts wenden. Die lose Kante des Bündchens 6 mm, breit nach links umbügeln. Das Bündchen entlang der Ansatznaht nach rechts umschlagen und bügeln. Die umgebügelte Kante auf die Hose stecken und knappkantig feststeppen. In der hinteren Mitte 2,5 cm zum Einziehen des Gummis offen lassen.

16 Eine Sicherheitsnadel an einem Ende des Gummibandes befestigen und durch die Öffnung in den Tunnel schieben. Das andere Ende des Gummibandes außen an der Hose feststecken. Die Sicherheitsnadel ganz durch den Tunnel fädeln und aus der Öffnung wieder herausziehen. Das Gummiband nachziehen, aber nicht verdrehen. Die Kräuselfältchen gleichmäßig verteilen. Die Hose anprobieren und das Gummiband auf die richtige Länge schneiden. Die Enden des Gummis etwa

= linke Stoffseite

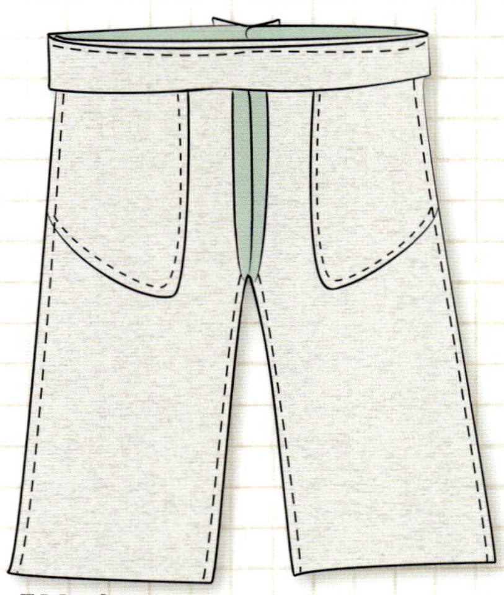

Abb. 4

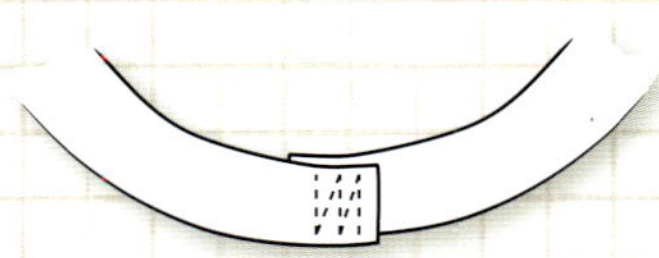

Abb. 5

Abb. 6

1,5 cm aufeinanderlegen und mehrmals darauf hin und her nähen, um sie fest zu verbinden (**Abb. 5**). Die Nahtstelle des Gummibandes in den Tunnel schieben, dann Öffnung der Bündchennaht zusteppen.

Beinbesätze und Fertigstellung

Wenn Sie die Rückseite des Jeansstoffes als »Kontrastfarbe« verwenden, müssen Sie die Besätze links auf links zusammennähen.

17 Einen Besatz rechts auf rechts quer zur Hälfte falten. Die Schmalseiten ausrichten, stecken und zu einem Schlauch zusammennähen. Nahtzugaben auseinanderbügeln. Den zweiten Besatz zusammennähen. Beide Schläuche auf rechts wenden.

18 Einen Besatz in ein Hosenbein schieben. Die rechte Stoffseite des Besatzes zeigt zur linken Stoffseite des Hosenbeins. Die Naht des Besatzes an die innere Beinnaht stecken, dann die unversäuberten Kanten exakt aufeinanderstecken und ringsherum zusammennähen.

19 Den Besatz aus dem Hosenbein ziehen und die Nahtzugaben zum Besatz bügeln. Die unversäuberte Kante des Besatzes 1,3 mm breit nach links bügeln. Den Besatz so weit zur rechten Seite der Hose umfalten, dass seine Ansatznaht etwa 1,3 cm über der Unterkante auf der Innenseite des Hosenbeins liegt. Die Unterkante bügeln, dann die eingeschlagene Kante des Besatzes aufs Hosenbein stecken und knappkantig aufsteppen (**Abb. 6**). Wenn das Kind wächst, können Sie diese Naht auftrennen und die Besatzkante ein Stück tiefer wieder feststeppen, um die Hose zu verlängern.

Flache Nähte drücken nicht

Damit sich Nähte später leichter verarbeiten lassen, versäubere ich die Kanten der zugeschnittenen Teile vor dem Zusammennähen, indem ich mit Zickzack- oder Overlockstich direkt an der Stoffkante entlangnähe. Dabei dürfen die Stoffkanten auf keinen Fall gedehnt werden. Wenn Sie sich für diese Methode entscheiden, können Sie Schritt c der folgenden Anleitung auslassen.

a. An gerundeten Kanten die Nahtzugaben in Abständen von 1,5 cm einschneiden – aber nicht ganz bis zur Nahtlinie (**Abb. A**).

Abb. A

Abb. B

b. Nahtzugaben auseinanderbügeln

c. Das Kleidungsstück so zur Seite falten, dass nur eine Nahtzugabe unter dem Nähfuß liegt. Mit großem Zickzackstich (1,5 mm lang, 3 mm breit) direkt an der unversäuberten Kante der Nahtzugabe entlangnähen. Die zweite Kante ebenso versäubern, dann die Nahtzugaben nochmals auseinanderbügeln.

d. Den Nähfuß so aufsetzen, dass seine linke Kante an der Nahtlinie liegt. Die Nadel so einstellen, dass sie 6 mm rechts von der linken Nähfußkante einsticht. Mit langem Geradstich (3 mm) entlang der Naht steppen. Dabei den Nähfuß an der Nahtlinie führen. Dadurch wird die Nahtzugabe flach festgesteppt (**Abb. B**). Steppen Sie an Rundungen einfach über die Einschnitte in der Nahtzugabe hinweg. Schön gerade nähen, denn diese Steppnaht ist von außen sichtbar!

e. Das Kleidungsstück wenden und die andere Nahtzugabe ebenso feststeppen (**Abb. B**). Auf der rechten Seite sieht man nun zwei Stepplinien, die parallel zur Naht verlaufen (**Abb. C**). So liegt die Nahtzugabe flach, kann auf empfindlicher Kinderhaut nicht drücken oder scheuern und auch beim Waschen nicht ausfransen.

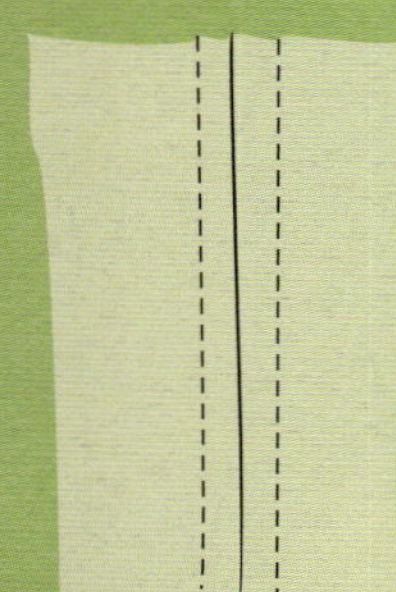

Abb. C

KAPITEL ZWEI

Von Haushalt und Nestbau

Sind wir nicht alle Nestbauer? Ganz gleich, für welchen Beruf wir uns entschieden haben – auch in der Familie spielen wir eine Rolle, und die trägt viel dazu bei, ob sich das Haus wie ein Zuhause anfühlt. Nestbauer sind ständig damit beschäftigt, Dinge selbst zu machen – mal frisches Brot, mal eine Dekoration. Und doch ist ein Zuhause niemals »fertig«. Oft bedeutet mir der kreative Prozess mehr als das Ergebnis, allerdings fand ich es früher schwierig, dieses Ideal auch auf mein Zuhause anzuwenden. Seit ich Mutter bin, ist da etwas in Bewegung geraten.

Ich betrachte mich nicht als Hausfrau. Damit assoziiere ich das unerreichbare Ziel, dass mein Zuhause immer in makellosem Zustand ist. Das kann niemand leisten, der ein Baby, ein Kleinkind und einen Beruf hat. Ich bin aber bestens in der Lage, unser Nest heimelig zu machen. Dabei helfen kleine Rituale. Ich backe dienstags Brot, mache donnerstags Joghurt. Ich pflücke Wiesenblumen für eine Vase auf dem Esstisch. Ich kümmere mich um die Haustiere und einen kleinen Kübelgarten. Und das Schönste ist, dass meine Söhne an allem beteiligt sind. Für die körperliche, kognitive und emotionale Entwicklung von Kindern ist es wichtig, wenn sie an den ganz praktischen täglichen oder wöchentlichen Familienaufgaben teilnehmen.

Im folgenden Kapitel finden Sie verschiedene Projekte, durch die Sie Kinder in den Familienalltag einbeziehen können. Bestickte Tischsets (Seite 48) helfen größeren Kindern, das Tischdecken zu lernen, und in dem Tragetuch (Seite 38) können Sie die Kleinsten bei den täglichen Verrichtungen immer bei sich haben.

Tragetuch aus Seide

Das Leben mit einem Säugling bietet so seine Herausforderungen. Eine meiner klügsten Entscheidungen war, meinen Sohn Finn in einem Tuch zu tragen. So konnte ich meiner Alltagsroutine nachgehen und ihn dabei trotzdem immer in meiner Nähe haben. Ein Tragetuch kann für Eltern und Kind viele Abläufe erleichtern. Seide ist ein großartiges Material. Sie muss zwar von Hand gewaschen werden, aber sie ist im Sommer schön kühl, wärmt im Winter und sie ist wunderbar weich auf zarter Babyhaut.

FERTIGE GRÖSSE 67,5 cm breit × 203 cm lang

STOFFE + KURZWAREN

- 2,1 m Rohseide, Wildseide oder anderer stabiler Seidenstoff, 110 cm breit (siehe Hinweise)
- 2 große Metallringe, 7,5 cm Durchmesser
- Passendes Nähgarn

WERKZEUG + ZUBEHÖR

- Overlock-Nähmaschine (nach Belieben)
- Oberstofftransportfuß für die Nähmaschine (nach Belieben)
- Nadel (Stärke 90/14) zum Steppen mit der Maschine (nach Belieben)
- Rollschneider, Quiltlineal und Schneidematte (nach Belieben zum Zuschneiden)

Hinweise

- Wildseide ist weich, aber wegen der körnigen Oberfläche nicht rutschig. Das ist wichtig, damit der Stoff sicher in den Ringen hält. Wenn Sie einen anderen Stoff verwenden, achten Sie darauf, dass er stabil und nicht zu glatt ist.
- Für das abgebildete Tuch habe ich Bio-Seide verwendet.
- Wenn rechte und linke Stoffseite schwer zu unterscheiden sind, markieren Sie die Seite, die Sie als »linke Seite« definieren, mit Schneiderkreide oder Kreppklebeband.
- Den Stoff vor der Verarbeitung waschen, trocknen und bügeln.

Zuschneiden

1 Ein Rechteck von 2,1 m × 70 cm zuschneiden.

2 Alle vier Kanten des Stoffes 6 mm breit nach links umbügeln. Einen großen Zickzackstich (3 mm breit, 3 mm lang) einstellen. Garn in einer Kontrastfarbe einfädeln, wenn die Stepperei ein Dekorationselement sein soll. Sie können die umgebügelten Kanten stecken oder ohne Nadeln unter den Nähfuß führen. Die Saumkanten mit Zickzackstichen festnähen, an den Ecken mit eingestochener Nadel wenden. Wenn Sie eine Overlock-Nähmaschine besitzen, können Sie stattdessen die Rollsaum-Funktion verwenden.

Falten einlegen und fixieren

Art und Anordnung der Falten sind beliebig. Der Stoff muss lediglich an den Ringen auf 9 cm Breite zusammengerafft werden, ehe er sich zur Schulter hin ausbreitet.

3 Eine Schmalseite des Stoffes zur Hälfte falten, um die Mitte zu finden. Diese mit einem Textilstift oder Schneiderkreide markieren.

4 Auf beiden Seiten in 3,8 cm Abstand zur Mitte eine Markierung anzeichnen, dann folgen weitere Markierungen im Abstand von 7,5 cm (durchgehende Striche in **Abb. 1**). Die gestrichelten Linien an den Seiten nicht anzeichnen, sie stehen für die Einschlagkanten des Saums. Den Stoff an jeder Markierung links auf links falten und in den oberen 5 cm des Stoffes die Kniffe für die Falten einbügeln. Den Stoff auf einer Arbeitsfläche ausbreiten. Von der Mitte zu den Seiten arbeiten. Den Stoff an einem Kniff links auf links falten, den Kniff an den nächsten Kniff legen (**Abb. 2**) und feststecken. Der letzte Kniff trifft auf die eingeschlagene Saumkante. Über die Falten hinweg zwei parallele Linien im Abstand von 1,3 cm und 3,8 cm zum Ende anzeichnen. Geradstich einstellen und auf beiden Linien steppen, um die Falten zu fixieren.

Die Ringe annähen

5 Den gefalteten Stoff durch beide Ringe schieben und 9 cm breit um die Ringe herum zur linken Seite

umfalten. Das gefaltete Ende liegt oben. Die Stofflagen in der Mitte zusammenstecken. Den unteren Stoff etwas ausbreiten, sodass er auf beiden Seiten ein wenig über das gefaltete Ende hinaussteht (**Abb. 3**). Das kurze Ende auf dem ausgebreiteten Stoff feststecken.

6 Damit sich die vielen Stofflagen beim Zusammensteppen nicht verschieben, sollten Sie möglichst einen Oberstofftransportfuß verwenden. Setzen Sie auch eine kräftige, stabile Nadel in die Maschine ein. Mit Geradstich dicht neben den Ringen steppen, nach Wunsch kontrastfarbenes Garn verwenden. Die Naht beschreibt eine Kurve, die der Rundung der Ringe entspricht. Sie liegt etwa 3,8–5 cm unterhalb der Ringe, etwa auf der 3,8-cm-Naht, die in Schritt 4 gesteppt wurde (siehe **Abb. 3**).

7 Noch einmal mit Geradstich in 1–3 cm Abstand zur ersten Naht steppen. Den Oberstofftransportfuß abnehmen, einen Zierstich aussuchen und den passenden Nähfuß einsetzen. Mit diesem Stich zwischen den beiden Geradstich-Stepplinien nochmals über das schmale Ende des Tuches nähen. Der Zierstich sieht besonders dekorativ aus, wenn Sie dafür ein kontrastfarbenes Garn verwenden. Außerdem sorgt er für eine sichere und stabile Befestigung der Ringe – und die ist wichtig, damit das Tuch Ihr Baby zuverlässig trägt (**Abb. 3**)!

8 Das freie Ende Ihres Tragetuches wie einen Gürtel durch die Ringe ziehen: Zuerst durch beide Ringe, dann durch den unteren wieder zurück (**Abb. 4** auf Seite 42). Achten

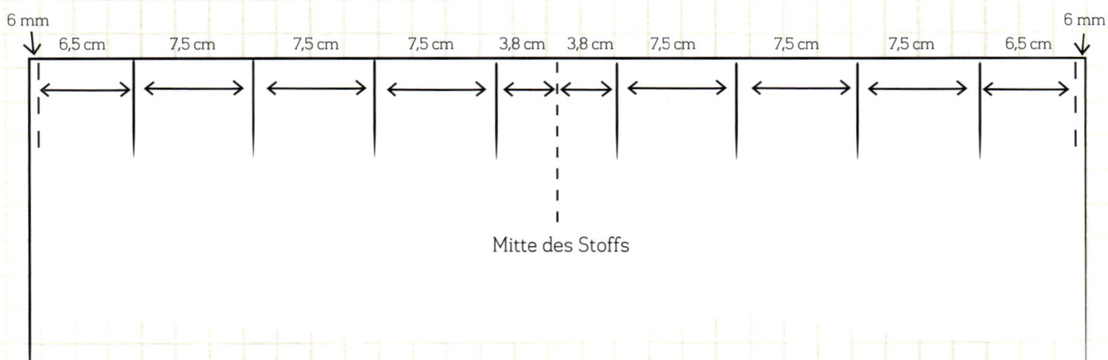

Abb. 1

Abb. 2

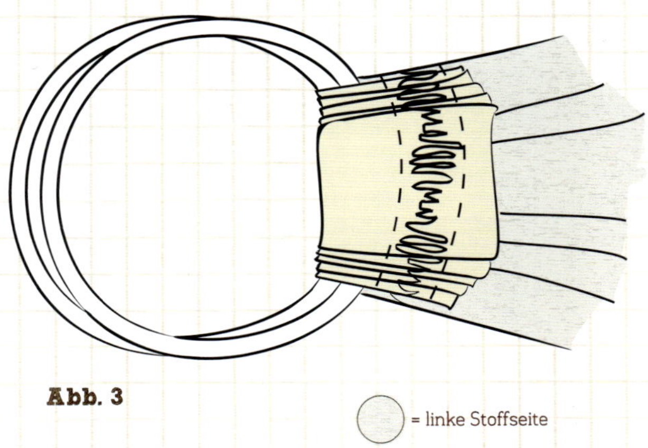

Abb. 3

9 Sicherheit geht vor! Bevor Sie Ihr Kind in die Schlinge setzen oder legen, lesen Sie bitte den Kasten auf der nächsten Seite, um sich mit verschiedenen Tragevarianten vertraut zu machen. Auch im Internet gibt es verschiedene Videos, in denen die Verwendung eines Tragetuchs genau erklärt wird.

Sie darauf, das Tuch dabei nicht zu verdrehen. Legen Sie das Tuch nun (ohne es zu verdrehen) über eine Schulter. Die Ringe liegen etwa auf Höhe des Schlüsselbeins, das Ende hängt lose herab. Auf der Hüfte, die der »Trageschulter« gegenüberliegt, bildet das Tuch nun eine Sitz- oder Liegemulde für das Baby. Sie können den Stoff auf der Schulter etwas ausbreiten, damit sich das Tuch bequemer tragen lässt. Wenn Sie es aber zu weit ausbreiten, kann es Ihre Bewegungsfreiheit einschränken.

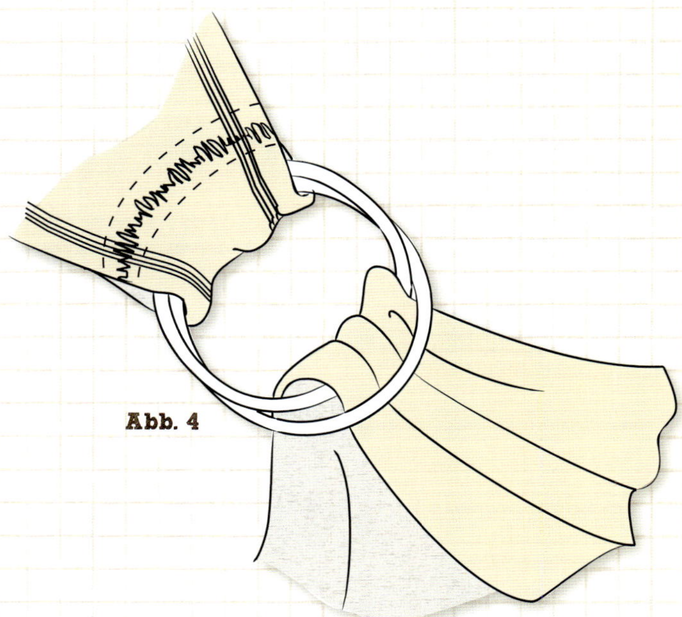

Abb. 4

= linke Stoffseite

Richtig tragen im Tuch

Es gibt verschiedene Möglichkeiten, ein Kind in einem Tuch zu tragen. Für welche Sie sich entscheiden, hängt auch vom Alter des Kindes ab. Wichtig ist, dass die Tragevariante für Mutter (oder Vater) und Kind bequem ist.

Hier stelle ich zwei Varianten vor. Weitere Möglichkeiten finden Sie auch im Internet (z. B. unter *www.tragetuch-bindeanleitung.de, www.wickelkinder.de oder www.babytragetuch.com)*.

- Legen Sie das Tuch zuerst richtig an. Es wird diagonal über einer Schulter getragen. Die Ringe liegen knapp unterhalb des Schlüsselbeins, die breite Mitte des Tuches auf der anderen Körperseite (**Abb. A**). Das lose Ende hängt von den Ringen vor dem Körper herab. Probieren Sie aus, wo die Ringe bei Ihnen genau sitzen müssen, damit sie nicht drücken, wenn das Gewicht des Kindes im Tuch ruht. Achten Sie immer darauf, dass das Kind bequem und sicher im Tuch liegt und ungehindert atmen kann.

Liegende Haltung (Abb. A)
Diese Variante eignet sich für sehr kleine Kinder (bis 3 Monate).

- Das Tuch so einstellen, dass es vor dem Körper doppelt liegt. In diesem »Beutel« kann das Baby bequem und sicher liegen. Das Tuch muss recht fest gezogen werden, damit es sich an Ihren Körper schmiegt.
- Das Baby in den Tuchbeutel legen, der Kopf zeigt zu den Ringen. Das Kind soll nicht flach liegen, sondern eher eine sitzende Position einnehmen, wobei sein Rücken durch das Tragetuch gestützt wird. Eine Seite des Kindes lehnt an Ihrem Körper. Eventuell müssen Sie die Beine des Kindes kreuzen, um es in eine bequeme Lage zu bringen.
- Das Kind von unten mit der Hand stützen, bis es sicher und bequem im Tuch liegt. Sein Kinn darf nicht zur Brust gedrückt werden, weil dadurch die Atmung behindert wird. Ideal ist eine zurückgelehnt sitzende Position. Eventuell muss das Tuch straffer gezogen oder gelockert werden, bis die richtige Haltung gefunden ist. Lassen Sie sich dabei helfen, wenn Sie allein nicht zurechtkommen.

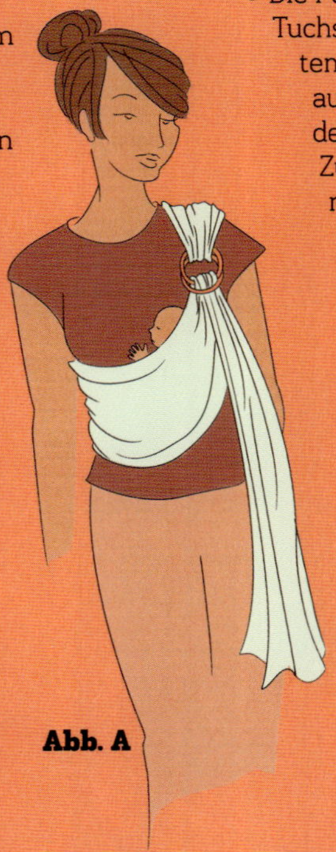

Abb. A

Sitzende Haltung (Abb. B)
Diese Variante eignet sich für ältere Kinder, die schon allein sitzen können (ab ca. 6 Monate).

- Das Tuch so einstellen, dass seine breite Seite knapp oberhalb der Hüfte gegenüber den Ringen liegt. Den Stoff vor dem Körper doppelt legen, damit sich an der Seite ein »Beutel« bildet. Diesen Beutel auf Höhe der Hüfte etwas ausbreiten.

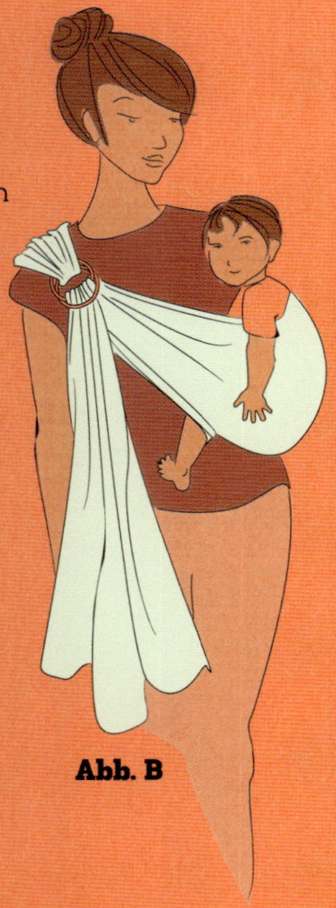

Abb. B

- Die Füße des Kindes von oben nach unten durch die Tuchschlinge schieben. Ein Bein liegt vor Ihren Hüften, das andere dahinter. Nun das Kind so in den ausgebreiteten »Beutel« setzen, dass der Stoff den Rücken, den Po und die Oberschenkel stützt. Zupfen Sie das Tuch so zurecht, dass es einen Sitz mit Rückenlehne bildet, in dem sich das Kind bequem anlehnen kann. Die Knie sollten etwas oberhalb des Pos liegen.

Lätzchen für Selber-Esser

Kleine Kinder spucken und sabbern, größere kleckern bei den ersten Essversuchen. Lätzchen sorgen dafür, dass man nicht mehrmals am Tag das Shirt wechseln muss. Mein Sohn fand es allerdings viel spaßiger, sich die gekauften Lätzchen mit Druckknopfverschluss abzureißen. Also erfand ich Lätzchen ohne Verschluss, die sich wie ein Shirt über den Kopf ziehen lassen. Ältere Kinder können sich so ein Lätzchen auch selbst anziehen. Obendrein ist es ein Wendemodell: Wenn eine Seite schmutzig ist, einfach umdrehen!

FERTIGE GRÖSSE 32,5 cm lang, 21,5 cm breit. Der Halsausschnitt ist dehnbar. Die Größe passt den meisten Kindern.

STOFFE + KURZWAREN

- 46 cm Baumwoll-Interlockjersey in mittlerer Stärke, 150 cm breit
- 12 cm dünner Baumwoll-Feinripp, 150 cm breit
- Passendes Nähgarn

WERKZEUG + ZUBEHÖR

- Schnittmuster aus der Tasche hinten im Buch
- Schnittmustervlies oder Schneiderkopierpapier
- Nähmaschinennadel für Jersey
- Stecknadeln für Jersey
- Rollschneider, Quiltlineal und Schneidematte (nach Belieben zum Zuschneiden)

Hinweise

- Sofern nichts anderes angegeben ist, beträgt die Nahtzugabe an allen Teilen 1 cm.
- Alle Stoffe vor der Verarbeitung waschen, trocknen und bügeln. Maschenware darf beim Bügeln und Zuschneiden nicht gedehnt werden.
- Praktische Hinweise zur Verarbeitung von (elastischer) Maschenware Stoffe finden Sie ab Seite 140.
- Maschenware immer mit Nähmaschinennadeln für Jersey oder Stretch nähen.

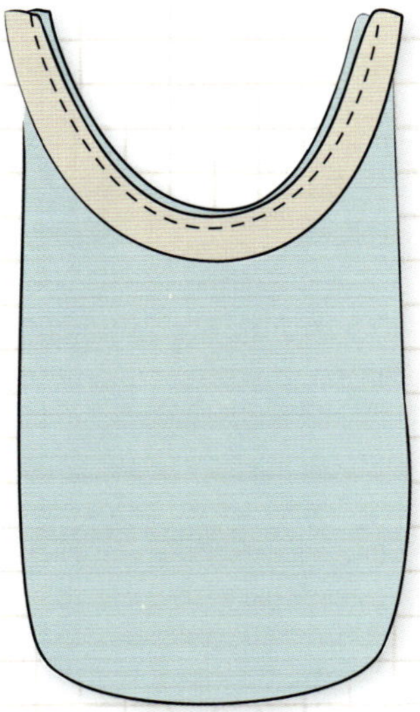

Abb. 1

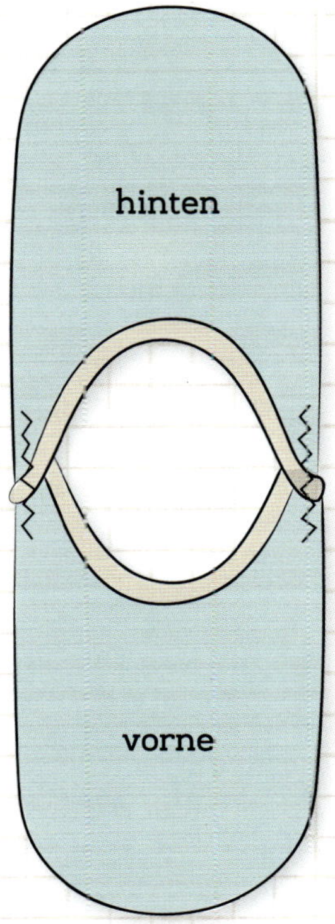

Abb. 2

Zuschneiden

1 Das Schnittmuster mit Markierung auf Schnittmustervlies oder Schneiderkopierpapier übertragen und ausschneiden.

2 Den Interlockjersey rechts auf rechts zur Hälfte falten, die Webkanten treffen in der Mitte zusammen. Zwei Lätzchen im Stoffbruch zuschneiden und die Markierungen auf den Stoff übertragen.

3 Aus dem Feinripp zwei Streifen von 3,8 cm Breite über die gesamte Stoffbreite schneiden. Die Webkanten abschneiden.

Den Ausschnitt einfassen

4 Die beiden Streifen an einer Schmalseite zusammennähen und die Nahtzugaben auseinanderbügeln. Von dem langen Streifen zwei Stücke von 30 cm Länge für die Ausschnitt-Einfassung abschneiden. Den Rest beiseitelegen.

5 Einen Streifen Feinripp rechts auf rechts mit einem schmalen Zickzackstich an die Ausschnittkante eines Lätzchenteils nähen. Eine genaue Anleitung für diesen Arbeitsschritt finden Sie auf Seite 141 (**Abb. 1**).

6 Einfassung und Nahtzugaben vorsichtig vom Lätzchen weg dämpfen, dabei die Einfassung in Form bringen. Die unversäuberte Kante der Einfassung über die Nahtzugabe hinweg zur rechten Seite des Lätzchens umfalten und bügeln. Diese Kante soll die Ansatznaht auf der rechten Seite des Lätzchens gerade verdecken. Die Einfassung feststecken.

7 Nun die Kante der Einfassung auf der Vorderseite des Lätzchens mit Zickzackstich feststeppen. Dabei wird die vorherige Naht verdeckt. Die Nahtzugabe ist von der Einfassung umschlossen. Der Feinripp neigt nicht zum Aufribbeln, deshalb kann die Kante aufgenäht werden, ohne sie zu versäubern oder einzuschlagen. Auf diese Weise wird sie angenehm flach.

8 Auch das andere Lätzchenteil mit Feinripp einfassen (Schritt 5–7).

Zusammennähen und einfassen

9 Die oberen Ecken am Ausschnitt eines Lätzchenteils an den Schultermarkierungen des anderen anlegen. So überlappt das hintere Lätzchenteil das vordere an den Schultern. Die Einfassungen etwas schräg ziehen, sodass ihre Schmalseiten komplett in der Naht mitgefasst werden. Die überlappenden Teile zusammenstecken und im Abstand von 3 mm zur Stoffkante mit Zickzackstich zusammennähen (**Abb. 2**).

10 Ein Ende des restlichen Einfassungsstreifens 1,3 cm breit nach links einschlagen. Den Streifen rechts auf rechts an die Außenkante des Lätzchens stecken, dabei an einer geraden Kante beginnen. Den Streifen fortlaufend um die gesamte Außenkante stecken und das Ende das zuerst festgesteckte, eingeschlagene Ende ein Stück überlappen lassen. Die Einfassung mit Zickzackstichen ringsherum festnähen. An der Überlappung beginnen und alle Stofflagen mitfassen. Am Ende der Runde 1,3 cm über die Überlappung hinausnähen. Verriegeln (siehe Seite 142) und die überschüssige Einfassung abschneiden.

11 Die Einfassung vom Lätzchen weg bügeln. Dann fortfahren wie in Schritt 6 und 7.

Familienalltag mit kleinen Kindern

Kinder lernen durch Nachahmen und Ausprobieren. Wenn sie früh an Haushaltsaktivitäten beteiligt werden, fühlen sie sich als wichtige Familienmitglieder, die einen eigenen Beitrag leisten. Natürlich macht es am meisten Spaß, wenn es dabei kreativ zugeht. Zum Beispiel so:

- Putzen Sie mit den Kindern. Nutzen Sie die Zeit, wenn die Kleinen schlafen, lieber zum Entspannen, Lesen oder Nähen. Legen Sie die Füße hoch! Sie sind als Mama (oder Papa, Oma, Babysitter) besser in Form, wenn Sie Zeit für sich haben. Außerdem kann der Nachwuchs bei gemeinsamen Aktivitäten viel lernen.

- Verwenden Sie ungiftige, natürliche Putzmittel. Simpler Essig ist erstaunlich wirkungsvoll!

- Schaffen Sie einen Platz für die eigenen Utensilien des Kindes, zum Beispiel eine Hakenleiste für eine Schürze, einen Mini-Besen oder ein Tuch zum Staubwischen. Auf einem niedrigen Regal können Utensilien für spezielle Aufgaben in separaten Kästen aufbewahrt werden.

- Zum Aufräumen genügt ein Zehn-Minuten-Programm. Stellen Sie eine Eieruhr auf 10 Minuten (mit kleineren Kindern weniger), geben Sie jedem einen Korb – und dann werden verstreute Dinge eingesammelt und an ihren Platz gebracht. Bei uns zu Hause läuft dabei immer ein Lied, das wir alle mitsingen.

- Erledigen Sie Arbeiten nicht übereilt und hektisch – Kinder schauen sich auch Ihre Bewegungen und Ihre Einstellung ab. Wenn Sie Kinder in die Hausarbeit einbeziehen, planen Sie mehr Zeit ein, als Sie normalerweise brauchen würden, und seien Sie mit nicht ganz perfekten Ergebnissen zufrieden. Lernen Sie ganz einfach, die Fingerabdrücke auf den frisch geputzten Fenstern zu lieben.

Besticktes

Tischset

Wenn Sie einen Montessori-Kindergarten besuchen, werden Sie staunen, wie ruhig und geordnet es beim Tischdecken zugeht. Drei- und Vierjährige breiten Platzdeckchen aus (ähnlich wie diese, vielleicht etwas schlichter), auf denen das Gedeck abgebildet ist. Dann holen sie in einem flachen Korb mit zwei Griffen die verschiedenen Dinge, die benötigt werden – erst alle Teller, dann alle Gläser, alle Gabeln usw. Das Geheimnis für diese Zielstrebigkeit ist das Platzdeckchen, denn an ihm können die Kinder genau erkennen, was sie noch aus dem Schrank holen müssen. Mit diesem bestickten Set kann Ihr Kind auch zu Hause das Tischdecken üben.

FERTIGE GRÖSSE 45,5 × 33 cm

STOFFE + KURZWAREN

Die angegebenen Mengen reichen für ein Set.

- 1 Fat Quarter Baumwollstoff oder Baumwoll-Leinen-Mischgewebe (Hauptstoff, hier braun)
- 1 Fat Quarter Baumwollflanell für die Motive (Kontrastfarbe, hier gelb gemustert; siehe Hinweise)
- 23 cm Baumwollflanell, 120 cm breit (zum Einfassen, hier blau gemustert)
- 58 cm rutschfester Stoff für die Rückseite, 40 cm breit (siehe Hinweise)
- Haftvlies auf Trägerpapier für die Reversapplikationen (unterlegte Applikationen)
- 33 × 45,5 cm Stickvlies zum Ausreißen
- Stickgarn (hier blau)
- Nähgarn passend zu Hauptstoff und Einfassung

WERKZEUG + ZUBEHÖR

- Schnittmuster aus der Tasche hinten im Buch
- Sticknadel
- Rollschneider, Quiltlineal und Schneidematte (nach Belieben zum Zuschneiden)

Hinweise

- Sofern nichts anderes angegeben ist, betragen die Nahtzugaben 1,3 cm.
- Wenn der Stoff Ihrer Wahl nicht als Fat Quarter erhältlich ist, kaufen Sie 46 cm Meterware.
- Rutschfester Stoff wird manchmal in vorgeschnittenen Stücken angeboten. Wenn er nicht als Meterware erhältlich ist, setzen Sie zwei Stücke zusammen, bevor Sie das Rechteck für das Set zuschneiden.

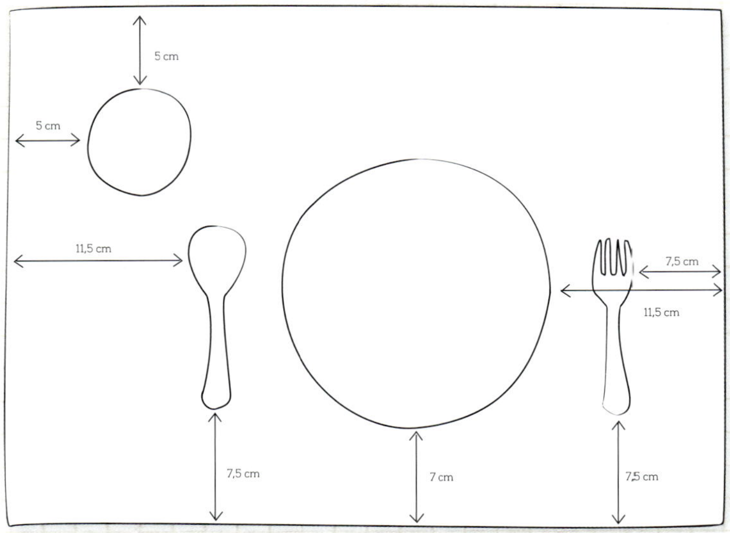

Abb. 1

Zuschneiden

1 Je ein Rechteck von 45,5 × 33 cm aus dem Hauptstoff, dem Haftvlies, dem kontrastfarbenen Stoff und dem rutschfesten Stoff zuschneiden.

2 Über die ganze Breite des Stoffes für die Einfassung zwei Streifen von 6,5 cm Breite schneiden. Diese rechts auf rechts mit einer schrägen Naht zusammensetzen (Seite 144). Die Nahtzugaben auseinanderbügeln, dann den Streifen für die Einfassung vorbereiten (siehe Seite 144, Schritt 3 und 4). Beiseitelegen.

Reversapplikation (unterlegte Applikation) und Stickerei

3 Das Gedeck auf das Trägerpapier des Haftvlieses zeichnen. Die Positionen sind in **Abb. 1** angegeben. Die Vorlagen für Löffel und Gabel sind bereits spiegelverkehrt vorgezeichnet

4 Nun das Haftvlies auf die linke Seite des Hauptstoffes bügeln. Beachten Sie dabei die Verwendungshinweise des Herstellers. Das Vlies muss auf der gesamten Fläche des Stoffes haften. Falls nötig, nochmals mit etwas höherer Temperatur bügeln. Das Papier nicht abziehen! Mit einer scharfen Handarbeitsschere die einzelnen Motivelemente aus dem Stoff mit dem aufgebügeltem Vlies und Papier ausschneiden. Vor allem die Gabelzinken sauber ausschneiden. Die Flächen außerhalb der Motivelemente müssen intakt bleiben. Die ausgeschnittenen Motive werden nicht verwendet. Vorsichtig das Trägerpapier vom Haftvlies abziehen.

5 Den Hauptstoff mit den Motivausschnitten auf den kontrastfarbenen Stoff legen. Beide zeigen mit der rechten Seite nach oben. Die Gabelzinken müssen glatt liegen. Den Hauptstoff gemäß Herstelleranweisung auf den kontrastfarbenen Stoff bügeln.

6 Das Papier vom Stickvlies abziehen und das Vlies auf die linke Seite des kontrastfarbenen Stoffes kleben. Garn in der Farbe des Hauptstoffes in die Maschine einfädeln. Einen engen Zickzackstich (1,5 mm breit und 0,2–0,4 mm lang) einstellen. Probieren Sie die Einstellung auf einem Stoffrest aus. Die Stiche sollen dicht an dicht liegen, aber keinen Wulst bilden. Auf der Oberseite des Sets alle Motivkonturen mit dem Zickzackstich aufsteppen. Dabei auf einer Seite in den Hauptstoff stechen, auf der anderen dicht an der Motivkante in den kontrastfarbenen Stoff. Dadurch werden die Schnittkanten des Stoffes von den dichten Stichen verdeckt. Wenn alle Konturen genäht sind, das Stickvlies abreißen – auch innerhalb der kleinen, schwierigen Motive.

7 Sticknadel einfädeln. Die Umrisse von Gabel, Löffel, Teller und Tasse 6 mm neben den Zickzackstichen mit großen Vorstichen (Seite 143) umsticken. Die Zinken der Gabel werden nicht einzeln nachgestickt, eine gerade Linie oberhalb genügt.

:: Tipp

Erlauben Sie Ihrem Kind, den Tisch mit »richtigem« Geschirr und Gläsern zu decken. Dabei gibt es sicherlich ab und zu Scherben, aber das Kind lernt dabei schnell, sich vorsichtig zu bewegen und die Dinge behutsam anzufassen.

Wenn es für den Anfang etwas Robustes sein soll, geben Sie dem Kind einen Kerzenteller aus dickem Glas und ein dickwandiges Schnapsglas. Sie können natürlich auch extra für Ihr Kind ein kleines Gedeck anschaffen. Im Fachhandel gibt es eine große Auswahl.

Fertigstellung

8 Den Stoff für die Rückseite mit der rutschfesten Seite nach unten auf eine Arbeitsfläche legen. Darauf die zusammengesetzte und bestickte Vorderseite legen – die rechte Seite zeigt nach oben. Die Lagen zusammenstecken, damit sie sich nicht verschieben. Falls nötig, die Kanten begradigen (siehe Seite 145).

9 Mit dem Streifen, der in Schritt 2 vorbereitet wurde, fassen Sie nun das Set ein. Die Ecken werden als Briefecken gearbeitet. Wie das gemacht wird, steht auf Seite 144.

Jeden Tag etwas Neues lernen

In der Küche

Als Mutter und als Erzieherin in einem Montessori-Kindergarten habe ich die Erfahrung gemacht, dass Kinder ohne bewusste Anstrengung jede Art von Wissen »aufsaugen« – auch Sprache und Manieren. Und deshalb sollte ein Kind auch unbedingt miterleben, wie Mama oder Papa das Essen zubereiten.

Schon Kindergartenkinder können aktiv mithelfen. Wenn sie älter werden, dürfen die Aufgaben schwieriger (und spannender) werden. Ihre jungen Sous-Chefs können davon nur profitieren:

- Sie erfahren etwas über die Entstehung bestimmter Gerichte und die Mühe, die ihre Zubereitung kostet.
- Sie sind eher bereit, Neues zu probieren, wenn sie beim Kochen mitgewirkt haben.
- Sie leisten einen Beitrag zum Familienleben und fühlen sich deshalb wichtig.
- Sie genießen den sinnlichen Anteil von Arbeiten wie Gießen, Rühren und Kneten.
- Sie üben rechnen und erfahren etwas über Naturwissenschaften.
- Sie trainieren das folgerichtige Denken.

Buchtipps

Es gibt viele tolle Koch- und Backbücher für Eltern und Kinder. Besonders empfehlenswert sind Titel mit vielen anschaulichen Abbildungen und kurzen, leicht verständlichen Schritt-für-Schritt-Anleitungen.

Küche für Große und Kleine

Mit etwas Planung und Einfallsreichtum lässt sich die Küche so einrichten, dass sie für große Köche zweckmäßig und für kleine ungefährlich ist. Ein paar Ideen gefällig?

- Verstauen Sie in einem Unterschrank Suppenkellen, Kochlöffel, Töpfe oder unzerbrechliche Schüsseln, mit denen die Kleinsten spielen dürfen. Wenn die Küche groß genug ist, freuen sich auch größere Kinder über einen Schrank, in dem ihre eigenen Töpfe, Teller, Sets und Kochbücher untergebracht sind.
- Reservieren Sie das unterste Fach im Kühlschrank für ein Kännchen mit Wasser, Milch oder Saft und eine Portionsdose mit etwas Leckerem, Gesundem zwischendurch. Selbst Dreijährige lernen schnell, sich ihren Becher aus dem Schrank zu holen, ihn auf einen niedrigen Tisch zu stellen und sich etwas zu trinken einzugießen.
- In der Küche darf gespielt werden. Weil unsere Küche klein ist, haben wir auf Tisch und Stühle für Erwachsene verzichtet und sie lieber zum Spielbereich erklärt: Tisch und Stuhl im Kinderformat, ein niedriges Regal mit einem Wasserspender und Kästen mit Spiel- und Malsachen für unseren Sohn Finn und eine schöne Spielküche aus Holz, in der außer seinen eigenen Küchenutensilien auch andere Dinge verstaut sind, die seine Kreativität anregen.
- Für Kinder bis zum Grundschulalter ist als spezielles Möbel ein Learning Tower eine gute Investition. Notfalls genügt auch ein standfestes Fußbänkchen, damit das Kind an der Arbeitsfläche neben Ihnen werkeln kann. Kinder mögen gern abwaschen, Zutaten verrühren, Brotteig kneten oder einfach den Großen zuschauen.
- Machen Sie einen Plan. Unsere Woche läuft reibungsloser (und wir essen ausgewogener), wenn ich mir die Zeit nehme, einen Speiseplan aufzustellen. Ich erledige das immer mittwochs nachmittags, nachdem ich morgens auf dem Markt Gemüse, Milch und Eier beim Biobauern eingekauft habe. Im Winter ist die Auswahl an frischem Obst und Gemüse geringer, dann variiert auch der Speiseplan von Woche zu Woche weniger.
- Kinder finden es spannend, zu sehen, woher ihre Lebensmittel kommen. Kaufen Sie gelegentlich beim Erzeuger ein – beim Bauern, in einer Molkerei oder in einer Bäckerei, wo Brot und Brötchen noch von Hand hergestellt werden. Pflanzen Sie etwas an – im Garten, Blumenkasten oder Blumentopf. Selbst heikle Esser können sich für Grünzeug erwärmen, wenn sie es selbst geerntet und zubereitet haben.

Aus eigenem Anbau

Küchenarbeit kann im Garten anfangen. Sie brauchen nur ganz wenig Platz, und selbst ohne grünen Daumen kann nicht viel schiefgehen.

- Bauen Sie ein kleines Hochbeet oder besorgen Sie einige große Töpfe und Kübel und ein Tütchen Samen für kleinblättrigen Pflücksalat. Füllen Sie gutes Universalsubstrat in die Kübel. Dann streuen Sie zusammen mit Ihrem Kind großzügig die Samen darauf. Etwas Erde daraufgeben (gerade so viel, dass die Samen nicht wegwehen) und feucht halten, bis die Samen keimen. Wenn die Blätter etwa 10 cm groß sind, schicken Sie Ihren kleinen Küchenhelfer mit einem Körbchen und einer Schere hinaus, um eine Portion Salat für die Familie zu schneiden. Erklären Sie dem Kind, dass es die Pflanzen nicht ganz radikal abschneiden soll. Wenn die untersten 2,5 cm der Pflanzen stehen bleiben, treiben sie noch einmal aus. Beim nächsten Mal wird an einer anderen Ecke geerntet. Größere Kinder können auch ganz allein die Regie im Mini-Küchengarten übernehmen – von der Auswahl des Saatguts über das Säen und Gießen bis zur Ernte.

2
3
4
5
6

KAPITEL DREI

Drinnen spielen

Kreatives Spiel macht Kindern Spaß, aber es ist auch für ihre Entwicklung von enormer Bedeutung. Vor allem beim Rollenspiel können sie verschiedene Positionen und Interaktionsmuster ausprobieren. Wenn sie ihre eigenen Spielregeln erfinden und sich gegenseitig anhalten, die Regeln einzuhalten, üben sie ganz nebenbei auch ein bisschen Disziplin und Selbstbeherrschung.

Kreative Spiele entwickeln sich ganz von allein, wenn das Zuhause dafür günstige Bedingungen bietet. Sie könnten damit beginnen, all die Spielsachen einzusammeln, die verstreut herumliegen, und den verlockenden Fernseher ausgeschaltet zu lassen. Wenn das geschafft ist, werden Sie und Ihre Kinder es spannend finden, selbst gemachte Spielsachen und Lernmaterialien zu entdecken (siehe auch Seite 85). Darum stelle ich im folgenden Kapitel Spielsachen vor, die Sie für Ihr Kind mit der Nähmaschine selbst anfertigen können. Die Stoffpuppe (Seite 56) und das Kapuzencape (Seite 80) werden Ihr Kind auf vielen Fantasieabenteuern begleiten und mit den Ziffern (Seite 70) lernt jedes Kind spielerisch die Zahlen.

Beste Freundin

Stoffpuppe

Eine selbst gemachte Puppe hat beste Chancen, zum Lieblingsspielzeug zu werden und eine besondere Rolle für die emotionale Entwicklung des Kindes zu spielen. Mit der Puppe kann das Kind Erlebnisse aus dem eigenen Leben und Beobachtungen an anderen Menschen nachspielen. Dabei schlüpft es in verschiedene Rollen – mal Versorger, mal Vertrauter. Hautfarbe, Haare und Gesichtsausdruck dieser Puppe können Sie selbst gestalten. Die Freude des kleinen Besitzers wird Sie für den Zeitaufwand mehr als entschädigen.

FERTIGE GRÖSSE 40,5 cm groß, 15 cm Hüftbreite

STOFFE + KURZWAREN

Anleitung und Material für die Puppenkleider finden Sie ab Seite 66.

- 46 cm Baumwoll-Jersey in Hautfarbe, 152 cm breit
- 92 cm dicke Baumwoll-Schlauchgaze, 5 cm Schlauchbreite
- 80–120 g Wollgarn nach Wahl für die Haare
- Häkelgarn aus merzerisierter Baumwolle
- ca. 700 g Naturwolle zum Ausstopfen
- Nähgarn in Weiß und Hautfarbe
- Sticktwist für Mund und Augen (Farben nach Wunsch)
- Bienenwachskreiden in warmen Hauttönen für die Wangen
- Farbstift in Braun (nach Belieben, für Sommersprossen)

WERKZEUG + ZUBEHÖR

- Schnittmuster aus der Tasche hinten im Buch
- Polsterer- oder Puppenmachernadel, 12,5 cm lang
- Nähmaschinennadel für Jersey
- Nadel zum Nähen von Hand, Fingerhut
- Pinzette
- Wasserfester Fineliner
- Auswaschbarer Textilstift
- Glaskopf-Stecknadeln zum Markieren der Positionen von Mund und Augen
- Nadel zum Nadelfilzen für das Innere des Kopfes (nach Belieben)

Hinweise

- Sofern nichts anderes angegeben ist, beträgt die Nahtzugabe 6 mm.
- Nähen Sie jede Naht doppelt. Puppen sind zum Spielen da, deshalb sollten sie möglichst haltbar und langlebig sein.

Abb. 1

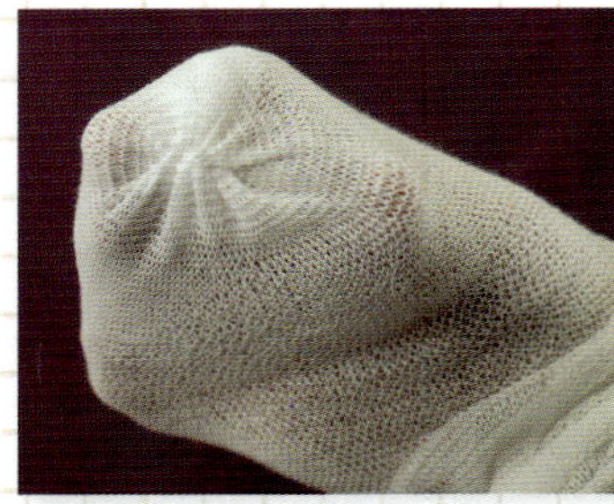

Abb. 2

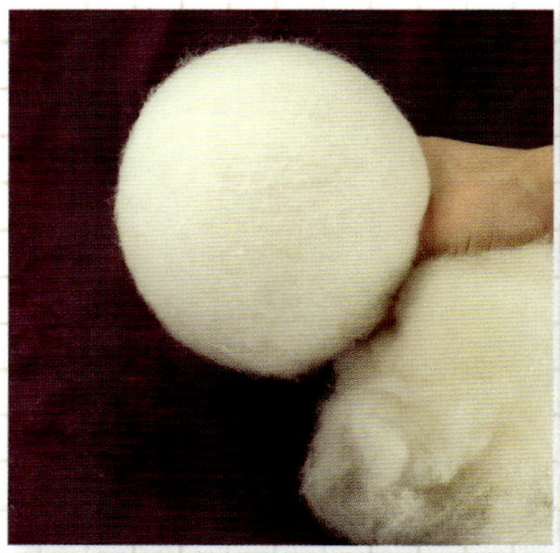

Abb. 3

Abb. 4

Abb. 5

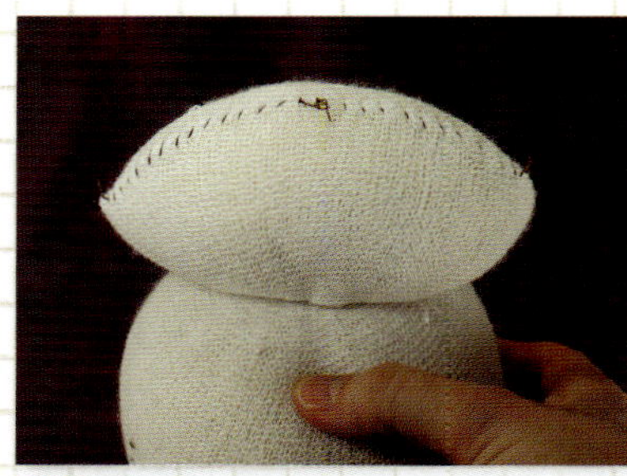

Abb. 6

Kopf und Schultern

1 Von der Schlauchgaze ein Stück von etwa 70 cm Länge abschneiden. Falls sie eine rechte und eine linke Seite hat, zunächst die linke Seite nach außen ziehen. An der Nähmaschine einen langen Geradstich einstellen (4 mm) und in Querrichtung einmal exakt durch die Mitte nähen. Am Unterfaden ziehen, um den Schlauch zusammenzukräuseln. Dann die Nähfäden fest verknoten (**Abb. 1**).

2 Den Schlauch auf rechts drehen, dabei ein Ende über das andere ziehen. Die Kräuselung bildet nun eine Art Rosette, die unversäuberten Kanten liegen aufeinander. Sie haben nun einen doppellagigen Schlauch von 38 cm Länge, der an einem Ende geschossen ist (**Abb. 2**). Vorerst beiseitelegen.

3 Eine kleine Portion Füllwolle zur Kugel rollen. Sie können sie mit einer Filznadel zusätzlich verdichten, aber nur, wenn es sich um reine Wolle handelt. Einfach immer wieder die Filznadel in die Wollkugel einstechen und wieder herausziehen, dabei die Kugel drehen. Vorsicht, die Filznadel hat spitze Widerhaken – passen Sie auf Ihre Finger auf! Sie können anfangs auch ein Stück Schaumstoff unter die Wollkugel legen, um beim Filzen die Arbeitsfläche und die Finger zu schonen. Wenn die Kugel so groß ist, dass keine Gefahr mehr für die Finger besteht, können Sie in der Hand fortfahren. Falls Sie weiter auf dem Schaumstoff arbeiten, achten Sie darauf, die Wolle nicht an der Unterlage »festzufilzen«. Filzen Sie so lange, bis sich die Kugel fest, aber nicht hart anfühlt.

4 Weitere Wollstränge möglichst fest um die Kugel wickeln und auch diese mit der Filznadel gut befestigen. Immer wieder mit Wolle umwickeln und filzen, bis die Kugel einen Umfang von 30,5 cm hat.

5 Etwas Füllwolle zu einem Quadrat von 43 cm Kantenlänge ausbreiten und die Kugel in die Mitte setzen. Die Ecken des Quadrates hochnehmen und in einer Hand fest zusammenraffen – das wird der Hals (**Abb. 3**).

6 Die Wolle unter der Kugel fest zusammenhalten und alles in den gedoppelten Schlauch aus Schritt 2 schieben. Die gekräuselte Rosette soll oben auf dem Kopf sitzen. Den Schlauch unter der Wollkugel mit einem 30 cm langen Faden Baumwollhäkelgarn fest zusammenschnüren. Die Füllung darf nicht herausrutschen. Den Schlauch auf der Füllung glatt streichen und mit einem zweiten Faden Baumwollhäkelgarn nochmals unter der Wollkugel fest umwickeln. Allzu dünn sollte der Hals jedoch nicht werden. Vielleicht brauchen Sie bei diesem Schritt einen Helfer. Sie haben nun eine mit Stoff überzogene Kugel als Kopf, einen abgebundenen Hals und darunter eine ebenfalls abgebundene Wölbung für die Schultern (**Abb. 4**).

7 Die Schlauchkanten am unteren Ende der »Schultern« nach innen einschlagen und mit dem Finger in Richtung Kopf schieben. Die Schultern zwischen den Fingern flach zusammendrücken, sodass die Stoffkanten innen liegen (**Abb. 5**). Die Öffnung von Hand mit überwendlichen Stichen zunähen. Am besten beginnen Sie in der Mitte, nähen erst zu einer Seite und dann wieder von der Mitte zur anderen Seite. Die Schultern sind nun ungefähr elliptisch (**Abb. 6**). Ihre Unterkante ist gekrümmt und in der Mitte des Schulterteils ist der Abstand zum Kopf am größten.

:: Materialien für Puppe und Haare

Materialien zum Basteln von Puppen kann man im Fachhandel kaufen. Es werden zwar Fertigsets angeboten, aber ich empfehle, die Materialien einzeln auszusuchen, weil die Sets für Puppen von ca. 40 cm Größe nicht immer genug Füllmaterial enthalten – und meine Puppe soll bewusst etwas rundlich aussehen. Wenn Sie sich lieber für ein Set entscheiden möchten, vergleichen Sie bitte die Inhaltsliste auf der Verpackung mit der Materialliste auf Seite 57.

Experimentieren Sie unbedingt mit den Haaren. Manche Leute finden Mohair- oder Bouclégarn schön natürlich. Andere mögen lieber glatte, dünne Sockenwolle. Sie können auch verschiedene Farben und Materialien kombinieren. Vielleicht möchten Sie auch die künftige Puppenmama (oder den Puppenpapa) mit ins Wollgeschäft nehmen und bei der Farbauswahl mitreden lassen? Bouclégarn für »lockige« Haare ist nicht sonderlich strapazierfähig und eignet sich besser für ältere Kinder, die behutsam mit der Puppe umgehen.

Abb. 7

Abb. 8

Abb. 9

Abb. 10

Das Gesicht

8 Auf Augenhöhe Baumwollhäkelgarn oder anderes stabiles Garn um den Kopf wickeln. Überlegen Sie zuerst, wo die Vorderseite des Kopfes sein soll. Den Kopf mit der Vorderseite nach unten auf die Arbeitsfläche legen. Einen Faden genau mittig zweimal um den Kopf legen und etwas festziehen, sodass er sich in den Kopf eindrückt. Auf der Rückseite des Kopfes mit einem Kreuzknoten (siehe Seite 143) fest verknoten. Diese Rille bildet die Augenlinie (**Abb. 7**).

9 Mit einem zweiten stabilen Faden wird das Gesicht vertikal abgebunden, um das Kinn zu modellieren. Die Mitte des Fadens auf den Oberkopf legen, die Enden unter dem Kinn (direkt vor Hals und Schultern) kreuzen. Die Fadenenden zum Oberkopf führen, etwas festziehen und mit einem Kreuzknoten sichern. Augenlinie und Kinnlinie sollen an den Seiten des Kopfes jeweils rechtwinklig zueinander stehen (**Abb. 8**). Auf ihren Kreuzungspunkten sitzen die »Ohren« der Puppe.

10 Weißes Nähgarn in eine Nähnadel einfädeln (hier wurde zur Veranschaulichung braunes Garn verwendet). Auf einer Seite des Kopfes an der Kreuzung von Augen- und Kinnlinie die beiden Baumwollfäden auf Ohrhöhe mit überwendlichen Stichen zusammennähen, dabei auch durch den Schlauch und die Wollfüllung stechen. Den Faden verknoten. Auf der anderen Seite wiederholen.

11 Die hintere Hälfte der Augenlinie zum Hals ziehen. Mit einer Pinzette oder Häkelnadel lässt sich das Häkelgarn besser erfassen. Die hintere Mitte des Fadens soll etwa 6 mm oberhalb des Halsfadens liegen. Falls nötig, das Schlauchmaterial am Hals glatt ziehen. Es soll sich kein hässlicher Buckel bilden (**Abb. 9**). Jeder meiner Puppenköpfe sieht anders aus, weil der Verlauf der Augenlinie leicht variiert. Gerade das gibt jeder Puppe ihren einzigartigen Charakter. Vorn ziehe ich die Augenlinie gern ein bisschen in die Höhe. Dadurch bekommt die Puppe ausgeprägte Wangen und einen optimistischen Blick.

12 Damit die Fäden nicht verrutschen, werden sie auf beiden Seiten des Kopfes von den Ohren abwärts mit einigen langen Stichen festgenäht (**Abb. 10**).

13 Für die Nase zeichnen Sie mit einem auswaschbaren Textilstift

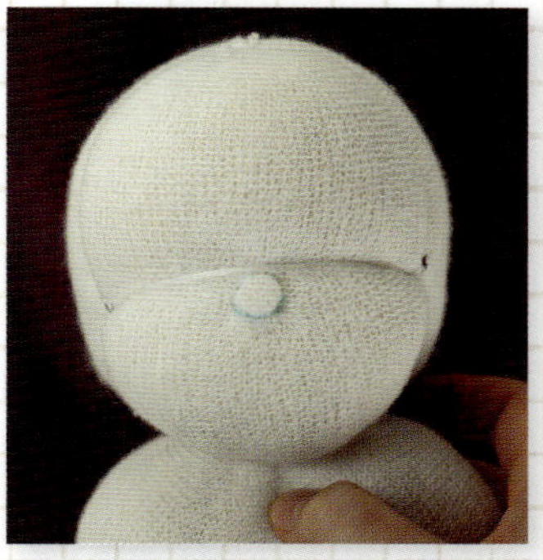

Abb. 11

Abb. 12

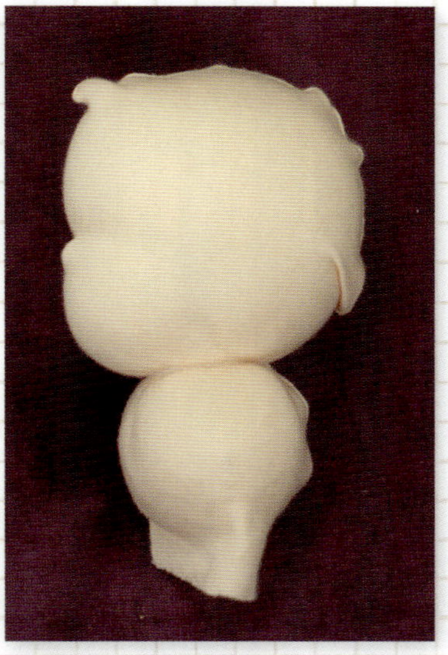

Abb. 13

knapp unter der Augenlinie einen Kreis mit 1,5 cm Durchmesser mitten ins Gesicht.

14 Stellen Sie sich die Nase als Zifferblatt einer Uhr vor – die 12-Uhr-Position liegt also in der oberen Mitte. Einen doppelten Faden weißes Nähgarn in eine Nähnadel einfädeln und das Ende verknoten. An einem Ohr einstechen und mit der Nadel an der rechten Seite der Nase herauskommen. Mit einem kurzen Ruck am Faden verschwindet der Knoten in der Füllung des Kopfes. Damit der Faden nicht aus dem Schlauchmaterial herausrutscht, bei 12 Uhr einen kurzen Geradstich nähen (Seite 142). Wieder bei 12 Uhr einstechen und bei 6 Uhr herauskommen. Den Faden vorsichtig stramm ziehen. Die Nase soll mit den Stichen zu einem kleinen »Knopf« geformt werden. Nun bei 7 Uhr einstechen und bei 1 Uhr herauskommen. Dann bei 2 Uhr einstechen und bei 8 Uhr herauskommen. Jedes Mal den Faden etwas stramm ziehen. Ringsherum fortfahren, bis Sie bei 12 Uhr herauskommen. Damit ist die niedliche, kleine Knopfnase fertig (**Abb. 11**). Den Faden verknoten und das Fadenende in den Kopf ziehen.

»Haut« für Kopf und Schultern

15 Den Baumwoll-Jersey rechts auf rechts zur Hälfte falten. Doppelt liegend soll er 5 cm breiter sein als der Rohling für Kopf und Schultern. Den Puppenkopf seitlich darauflegen: ein Ohr liegt auf dem Stoff, die Nase liegt am Stoffbruch. Mit einem Textilstift im Abstand von 1,3 cm eine Nahtlinie um den Kopf herum anzeichnen (**Abb. 12**). Die Einbuchtung für den Hals etwas unterhalb derer am Rohling anzeichnen, weil diese Stelle hochrutscht, wenn der Stoff über den Kopf gezogen wird. Die Nahtlinie bis zur unteren Stoffkante fortführen. Unter den Schultern liegt keine Naht.

16 Um die gezeichnete Linie herum den Kopf grob ausschneiden, dabei mindestens 2,5 cm Abstand zur Linie halten.

17 Eine Jerseynadel in die Nähmaschine einsetzen und einen Zickzackstich (1,4 mm breit und 1,3 mm lang) einstellen. Durch beide Stofflagen hindurch direkt auf der angezeichneten Linie nähen. Die Unterkante bleibt offen. Zur Verstärkung noch einmal direkt außerhalb der ersten Naht nähen. Dann den überschüssigen Stoff 6 mm außerhalb der Naht abschneiden. Das Teil wenden und über den Kopfrohling ziehen. Die Naht verläuft genau in der hinteren Mitte des Kopfes von der Stirn bis zu den Schultern. Den Stoff straffen, um ihn in die vertiefte Augenlinie zu ziehen. Den Stoff am Hals glatt ziehen und wieder mit einem stabilen Faden abbinden, der hinten am Hals verknotet wird (**Abb. 13**). Einen 1,3 cm breiten und 14 cm langen Streifen Baumwoll-Jersey in Hautfarbe in Querrichtung des Stoffes zuschneiden und zur Hälfte falten, sodass er noch 6 mm breit ist. Den Streifen um den Hals legen, um den Faden zu verdecken. Die Enden leicht überlappen lassen und hinten am Hals mit einigen überwendlichen Stichen zusammennähen.

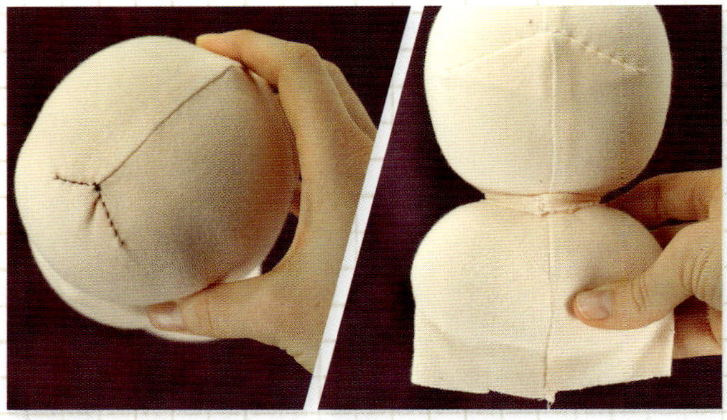

Abb. 14

18 Den Stoff an der Kopfnaht glatt ziehen. Überschüssigen Stoff zu einem oder mehreren Zipfeln formen, flach anlegen und mit überwendlichen Stichen glatt an den Hinterkopf nähen (**Abb. 14**). Wichtig ist, dass das Gesicht schön glatt wird. Die festgenähten Zipfel am Hinterkopf werden von den Haaren verdeckt.

19 Die offenen Kanten unter den Schultern nach innen einschlagen, zusammendrücken und wie in Schritt 7 zusammennähen.

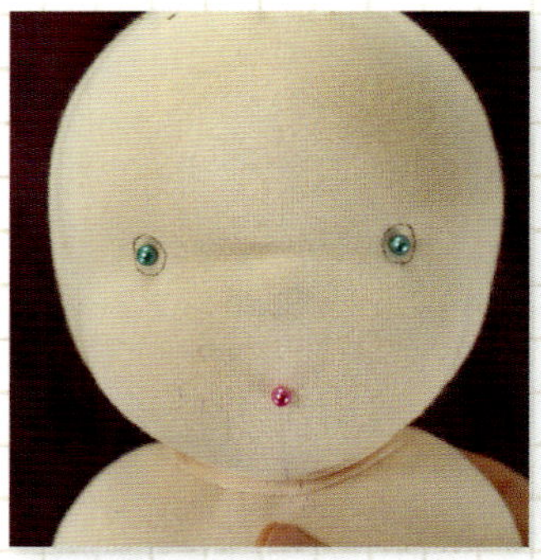

Abb. 15

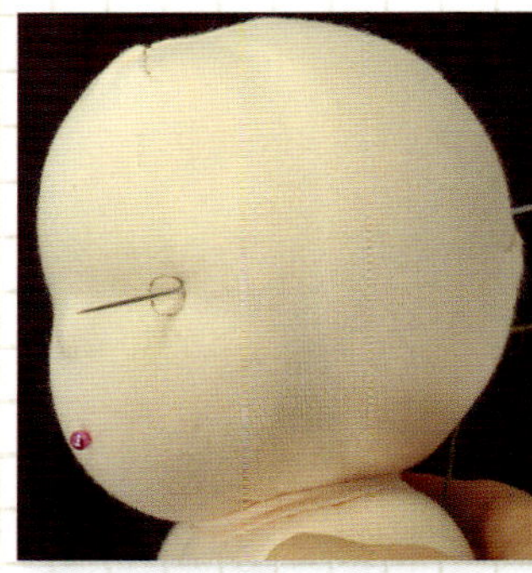

Abb. 16

Augen und Mund aufsticken

20 Die Positionen von Mund und Augen provisorisch mit Glaskopf-Stecknadeln markieren: Zwei auf der Augenlinie, eine weitere für den Mund mittig unter der Nase einstechen. Probieren Sie verschiedene Positionen aus, bis Ihnen der Gesichtsausdruck gefällt. Als Faustregel können Sie davon ausgehen, dass die Nadeln ein gleichseitiges Dreieck bilden sollten. Wenn Sie die richtigen Positionen gefunden haben, zeichnen Sie mit einem wasserfesten Fineliner Kreise für die Augen an. Sie werden später ausgestickt (**Abb. 15**). Die Nadeln entfernen.

Stellen Sie sich nun die Augen als Zifferblätter von Uhren vor – die 12-Uhr-Position liegt in der oberen Mitte.

Abb. 17

21 Sticktwist in der gewählten Farbe für die Augen teilen und zwei Fäden in eine lange Polsterernadel einfädeln. In den Hinterkopf einstechen, die Nadel durch den Kopf schieben und bei genau 3 Uhr auf einem angezeichneten Kreis herauskommen (**Abb. 16**). Den Faden durchziehen, aber am Hinterkopf ein 7,5 cm langes Ende hängen lassen. Die Polsterernadel abnehmen. Das Stickgarn in eine Sticknadel einfädeln und das Auge mit Plattstich (Seite 143) aufsticken.

Dabei in der Mitte beginnen (von 3 Uhr nach 9 Uhr). Die Stiche dicht und parallel arbeiten. Wenn das Auge fertig ist, den Faden wieder in die Polsterernadel einfädeln und zum Hinterkopf durchziehen. Dort die beiden Fäden fest verknoten und die Fadenenden in den Kopf ziehen. Das andere Auge ebenso aufsticken.

22 Beim Mund gehen Sie ebenso vor, allerdings wird er nur als langer Geradstich mit vier- bis sechsfädigem Sticktwist gestickt.

23 Fahren Sie mit einer Bienenwachskreide behutsam kreisend über die Wangen der Puppe, um sie zart rötlich einzutönen. Wenn Sie möchten, können Sie mit einem braunen Stift einige Sommersprossen aufmalen (**Abb. 17**).

Den Körper nähen

24 Den restlichen Baumwoll-Jersey rechts auf rechts zur Hälfte falten. Die Schnittmuster für Arm und Rumpf/Beine darauflegen, dazwischen mindestens 1 cm Platz lassen. Die Teile in Längsrichtung auflegen, weil der Stoff querelastisch ist. Die Konturen und alle Markierungen mit einem auswaschbaren Textilstift auf den Stoff übertragen. Arbeiten Sie exakt, denn die Konturlinien sind die Nahtlinien. Die Teile nicht ausschneiden, sondern die Stofflagen nur mit Stecknadeln fixieren, damit sie sich beim Nähen nicht verschieben.

25 Eine Stretch- oder Jerseynadel in die Nähmaschine einsetzen und einen Zickzackstich (1,4 mm lang und 1,3 mm breit) einstellen. Nähen Sie nun exakt auf den vorgezeichneten Linien. An der Unterarm-Markierung am Rumpf beginnen, am Bein abwärts, um den Fuß herum, dann aufwärts zum Schritt, wieder abwärts und dann an der Seite des Körpers hinauf zur zweiten Unterarm-Markierung. Zur Verstärkung gleich noch einmal direkt außerhalb der ersten Naht nähen.

26 Die Arme ebenso nähen. An einer Halsmarkierung beginnen und in einem Zug bis zur anderen Halsmarkierung nähen. Wieder zur Verstärkung eine zweite Naht knapp daneben nähen.

27 Nun die beiden genähten Teile 6 mm neben der äußeren Nahtlinie ausschneiden. Verwenden Sie für knifflige Ecken wie Daumen und Schritt eine scharfe, kleine Handarbeitsschere. Vorsicht: Nicht die Nähte einschneiden. Beide Teile auf rechts wenden.

28 Zuerst die Arme ausstopfen. Kleine Flocken der Füllwolle abzupfen, um Klumpen zu vermeiden. An der Hand beginnen und einen Arm bis zur Halsöffnung ausstopfen. Den zweiten Arm ebenso ausstopfen, dann die Schultern in die Halsöffnung des Armteils schieben. Bei Bedarf noch etwas Wolle nachschieben. Wenn alles gleichmäßig ausgestopft ist, Armteil und Schultern mit überwendlichen Stichen zusammennähen. Die Naht muss nicht allzu ordentlich sein, weil sie später vom Rumpf verdeckt wird (**Abb. 18** auf Seite 64).

29 Die Beine an den Füßen beginnend bis zum Schritt ausstopfen, dann eine gerade Naht über beide Beine steppen (**Abb. 19** auf Seite 64). Diese Naht ist wichtig, damit die Puppe unter dem Rumpf nicht zu starr wird. Schließlich soll die Puppe doch ihre Beine bewegen und aufrecht sitzen können. Dann den Rumpf bis auf Unterarmhöhe ausfüllen. Ich stopfe den Bauch meiner Puppen meist recht fest aus, aber nicht ganz so fest wie Arme und Beine.

30 Schultern und Arme in den Rumpf schieben und alles mit Füllwatte gleichmäßig auspolstern. Die Oberkanten der Rumpfteile 6 mm breit nach innen einschlagen und unter dem Hals feststecken. Die Schulterkanten des Rumpfes ebenso einschlagen und knapp überlappend auf den ausgestopften Schultern feststecken. Die offenen Seitenkanten des Rumpfes 6 mm breit einschlagen und auf den Armen feststecken (**Abb. 20**).

31 Alle eingeschlagenen Kanten mit passendem Nähgarn und kleinen, unauffälligen überwendlichen Stichen festnähen. An der äußeren Ecke einer Schulter beginnen, über die Schulter, am vorderen Hals entlang und über die andere Schulter, dann zum hinteren Hals durchstechen und diese Kante festnähen. Das Ende des Nähfadens fest verknoten und das Ende in den Puppenkörper ziehen.

32 Die Seitenkanten des Rumpfes mit überwendlichen Stichen an den Armen festnähen, dabei jeweils an den rechten und linken Schulternähten beginnen.

33 Um einen Fuß zu formen, die Spitze rechtwinklig zum Bein nach vorn umbiegen und den Stoff an der Knickstelle nach innen schieben (**Abb. 21**). Die Stoffkanten an der Knickstelle mit kleinen Staffierstichen zusammennähen (Seite 143), dabei den Fuß in dieser abgewinkelten Position festhalten und mit der Nadel abwechselnd in die obere und die untere Stoffkante einstechen. Wenn der Fuß in dieser Position fixiert ist, den restlichen Nähfaden sorgfältig verknoten und ins Innere des Beins ziehen. Den anderen Fuß ebenso abnähen (**Abb. 22**).

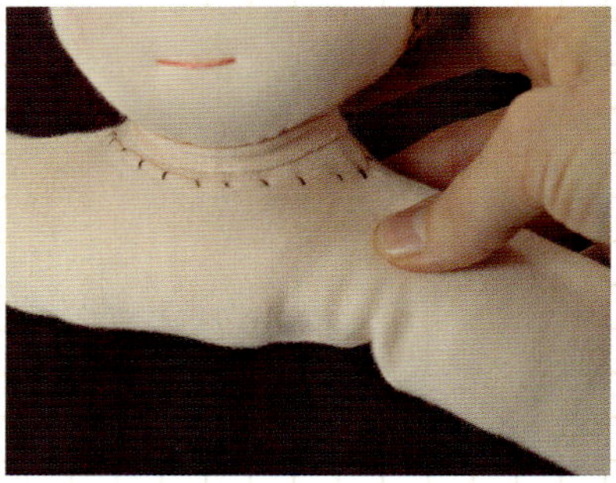

Abb. 18

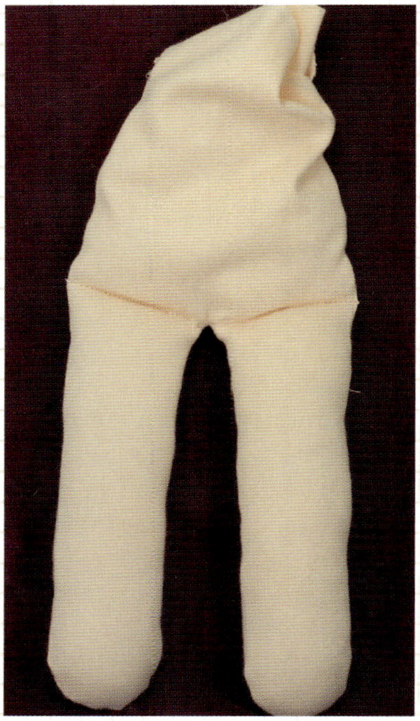

Abb. 19

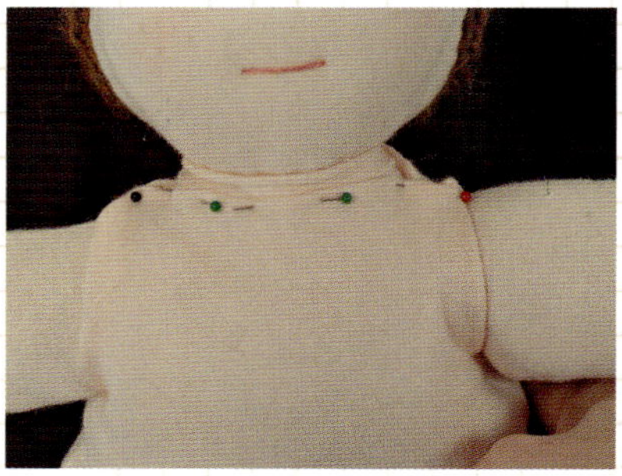

Abb. 20

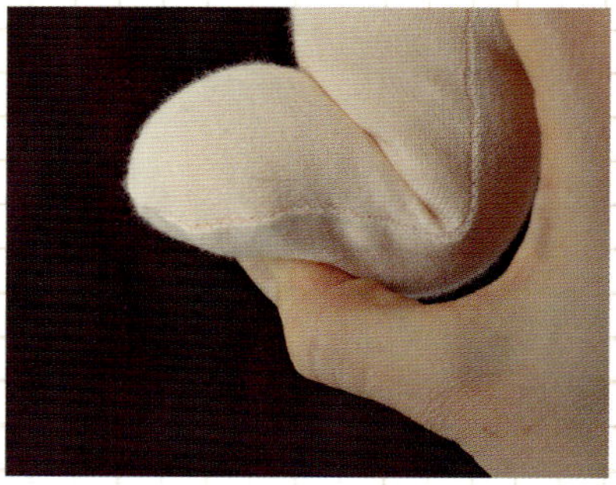

Abb. 21

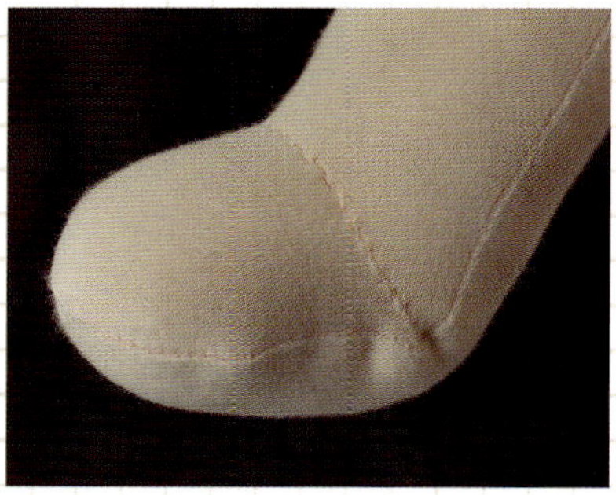

Abb. 22

:: **Tipp**

Gehäkelte Puppenperücken sind besonders haltbar. Wie es geht, können Sie zum Beispiel hier sehen: **http://sewliberated.typepad.com/sew_liberated/dollhair.html**

Die Haare

34 Den Haaransatz mit Schneiderkreide oder Textilstift vorzeichnen. Er verläuft über die Stirn zu den Ohren bis in den Nacken (**Abb. 23**).

35 Einen Faden der Wolle, die für die Haare verwendet werden soll, in eine Nadel einfädeln. Am angezeichneten Haaransatz beginnen und den Kopf dicht an dicht mit Stichen von 1,5 cm Länge bedecken (**Abb. 24**). Diese Stichreihen sorgen dafür, dass die Kopfhaut später nicht zwischen den Haaren durchschimmert. Für einen Puppenjungen mit Kurzhaarfrisur können Sie den Kopf auch dicht an dicht mit solchen Stichen bedecken und die Schritte 36 und 37 auslassen.

36 Für eine Langhaarfrisur legen Sie zuerst einen Wollfaden mitten über den Kopf, wo der Scheitel sitzen soll, um die Länge festzulegen. Wenn Sie eine Länge gewählt haben (zum Beispiel 70 cm), schneiden Sie drei Bündel von je 45–50 Fäden in dieser Länge zu. Die genaue Anzahl pro Bündel hängt auch von der Stärke der Wolle ab.

37 Das erste Bündel mittig über den Kopf legen, sodass es auf beiden Seiten gleich weit herunterhängt. Die Haare mit kleinen Stichen und farblich passendem Baumwollgarn entlang des Mittelscheitels festnähen (**Abb. 25**).

38 Die Haare gleichmäßig verteilen, sodass sie auch die Seiten und den Hinterkopf gut abdecken. Die Haare mit Rückstichen (Seite 143) am Haaransatz festnähen, also dort, wo die aufgestickten Stiche ans Gesicht grenzen (**Abb. 26**).

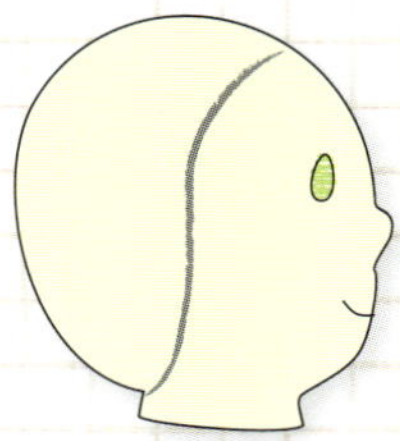

Abb. 23

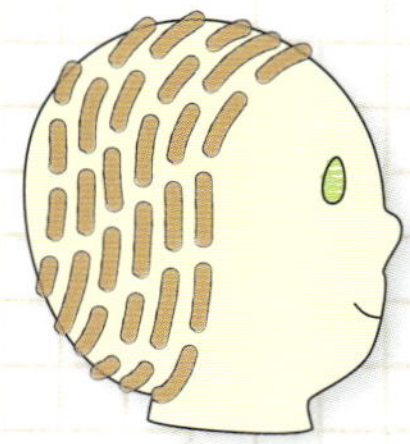

Abb. 24

Abb. 25

Abb. 26

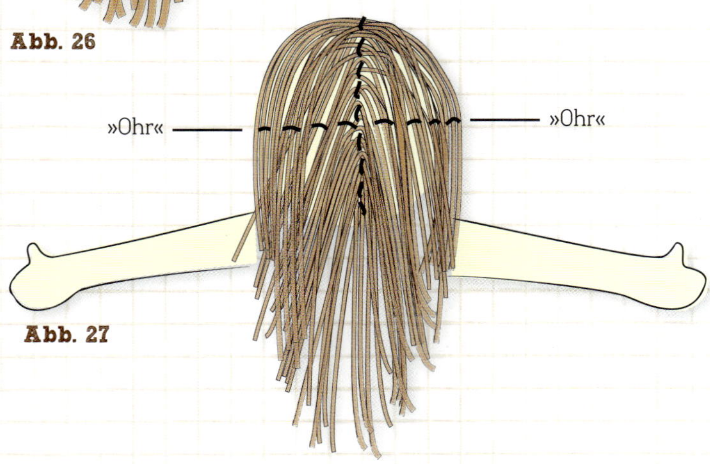

Abb. 27

39 Schritt 37 und 38 wiederholen, um das zweite Haarbündel am Kopf zu befestigen. Dieses wird unauffällig mit Stichen festgenäht, die von Ohr zu Ohr über den Hinterkopf verlaufen (**Abb. 27**).

40 Das letzte Haarbündel wieder am Mittelscheitel festnähen, aber nur so weit, dass es die quer verlaufende Naht aus Schritt 39 verdeckt. Zum Schluss wird das Haar auf die endgültige Länge geschnitten.

Beste Freundin

Puppenkleider

STOFF + ZUBEHÖR

Puppen-Latzhose

- Schnittmuster aus der Tasche hinten im Buch
- 46 cm Jeansstoff, Cord oder anderer robuster Stoff, 120 cm breit
- 2 Nähfrei-Druckknöpfe (als Set erhältlich)
- Hammer zum Befestigen der Druckknöpfe
- Passendes Nähgarn (Orange oder Gelb für klassische Jeanssteppereі)
- Overlock-Nähmaschine (nach Belieben)

Puppen-Hemd

- Schnittmuster aus der Tasche hinten im Buch
- 46 cm gemusterter Baumwollstoff, 120 cm breit
- 2 kleine Druckknöpfe zum Annähen
- Passendes Nähgarn

Hinweis

- Ist nichts anderes angegeben, beträgt die Nahtzugabe 6 mm.

Latzhose

Die Latzhose nähen

1 Das Schnittmuster mit allen Markierungen auf Schnittmustervlies oder Schneiderkopierpapier übertragen und ausschneiden.

2 Den Stoff in Längsrichtung rechts auf rechts falten. Dazu die Webkante gerade so weit zur Mitte legen, dass die doppelte Stofflage breit genug für ein Latzhosenteil ist. Das Teil im Stoffbruch zuschneiden. Dann die andere Webkante entsprechend zur Mitte legen und das zweite Latzhosenteil im Stoffbruch zuschneiden.

3 Alle Außenkanten mit Overlock- oder Zickzackstich versäubern.

4 Die Teile rechts auf rechts stecken und die beiden gerundeten Schrittnähte steppen (**Abb. 1**). Die Nahtzugaben an den Rundungen einknipsen. Die Nahtzugaben auseinanderbügeln.

5 Die eben gesteppten Nähte in die vordere und hintere Mitte drehen. Die inneren Beinnähte von einer Unterkante zur anderen nähen (**Abb. 2**). Die Nahtzugaben an den Rundungen einknipsen. Die Nahtzugaben auseinanderbügeln.

6 Die Stoffkanten unter den Armen 1 cm breit nach links umbügeln und 6 mm neben den Bruchkanten

absteppen (Seite 142), um die Säume zu befestigen. Die geraden Kanten am vorderen und hinteren Latz ebenso säumen. Die Hosenbeinkanten 1,3 cm breit nach links umbügeln und feststeppen.

7 Aus dem restlichen Stoff zwei Streifen von 15 × 5 cm für die Träger zuschneiden.

8 Einen Streifen links auf links längs zur Hälfte bügeln. Wieder aufklappen und die beiden unversäuberten Längskanten zum Mittelkniff falten. Wieder bügeln. Eine Schmalseite 1 cm breit nach links umbügeln. Den Streifen wieder am Mittelkniff zur Hälfte falten – alle Schnittkanten liegen nun innen. Nochmals bügeln und ringsherum mit 3 mm Abstand zur Kante absteppen. Den zweiten Träger ebenso nähen.

9 Die Druckknopf-Unterteile gemäß Herstelleranweisung in 1,3 cm Abstand zu den eingeschlagenen Trägerenden befestigen. Die Oberteile auf der Innenseite des vorderen Latzes anbringen. Die Abstände zu Ober- und Seitenkante betragen jeweils 1,3 cm.

10 Nun der Puppe die Hose anziehen und die Druckknöpfe schließen. Die unversäuberten Enden der Träger innen an die Oberkante des hinteren Latzes stecken. Die Länge und Position der Träger so justieren, dass die Hose der Puppe gut passt. Die Hose wieder ausziehen und die Trägerenden am hinteren Latz festnähen. Dabei auf der vorherigen Nahtlinie und noch einmal 3 mm darunter steppen. Die Nahtenden gut verriegeln.

Abb. 1

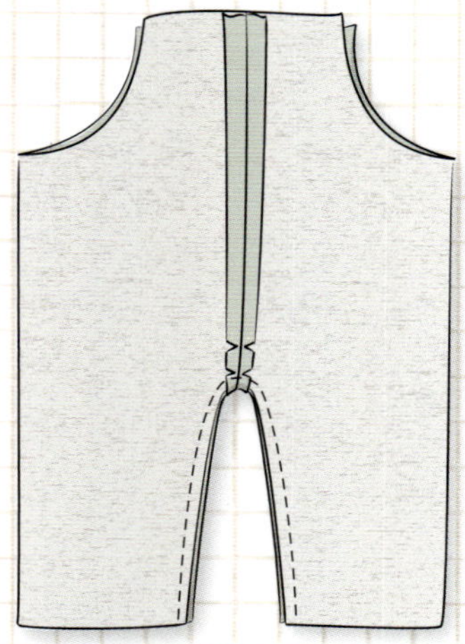

Abb. 2

Die Hosentasche

11 Aus dem restlichen Stoff ein Rechteck von 7,5 × 5,5 cm zuschneiden. Beide Schmalseiten und eine Längsseite 6 mm breit nach links umbügeln. Die andere Längskante 1 cm breit umbügeln und 6 mm neben der Kante absteppen. Dies ist die Oberkante der Tasche.

12 Die Tasche mittig 1 cm unter der Oberkante auf den vorderen Latz stecken. Entlang der drei umgebügelten Seiten in 3 mm Abstand zu den Kanten aufsteppen.

Das Hemd

13 Die Schnittmusterteile (Vorder-/Rückenteil und Ärmel) mit allen Markierungen auf Schnittmustervlies oder Schneiderkopierpapier übertragen und ausschneiden.

14 Den Stoff in Längsrichtung rechts auf rechts falten. Dazu eine Webkante so weit zur Mitte legen, dass der doppelt liegende Stoff breit genug für das Schnittmuster für Vorder-/Rückenteil ist. Ein Teil im Stoffbruch zuschneiden – dies ist das Vorderteil. Für das Rückenteil dasselbe Teil zweimal (nicht im Stoffbruch) zuschneiden. Zwei Ärmel zuschneiden.

15 Die Außenkanten aller zugeschnittenen Teile mit Overlock- oder Zickzackstich versäubern, damit sie nicht ausfransen.

16 Das Vorderteil an der vorderen Mitte rechts auf rechts zur Hälfte falten. In 1,3 cm Abstand zur Bruchkante vom Halsausschnitt beginnend 2,5 cm weit nach unten nähen. Die Naht in die vordere Mitte schieben, sodass hier eine Kellerfalte entsteht. Bügeln.

Abb. 3

17 Vorder- und Rückenteile rechts auf rechts aufeinanderlegen und die Schulternähte steppen. Die Nahtzugaben auseinanderbügeln.

18 Die gerade Seite eines Ärmels 1 cm breit nach links umbügeln und in 6 mm Abstand zur Bruchkante knappkantig feststeppen. Den anderen Ärmel ebenso säumen. Die Mittelkanten der Rückenteile ebenso säumen. Die Ärmel rechts auf rechts in die Armausschnitte stecken und einnähen.

19 Das Hemd rechts auf rechts legen, die Unterarm- und Seitenkanten genau ausrichten und stecken. In einem Zug vom Ärmelsaum bis zur Unterkante des Hemdes nähen. Die Nahtzugaben auseinanderbügeln. (**Abb. 3**). Die andere Seitennaht ebenso nähen.

20 Die Halsausschnittkante 6 mm breit nach links bügeln und 3 mm neben der Bruchkante absteppen. Den unteren Saum ebenso nähen.

21 Die beiden Druckknopf-Unterteile auf die rechte Stoffseite des linken Rückenteils nähen – das erste 1,3 cm unter der linken oberen Ecke, das zweite 2,5 cm tiefer. Die Druckknopf-Oberteile an entsprechenden Positionen auf die linke Stoffseite des rechten Rückenteils nähen.

:: Tipp

Mit Druckknöpfen kommen Kinder gut zurecht. Für kleine Kinder eignet sich auch Klettband, für größere Kinder sind Knöpfe oder Schnappverschlüsse eine Alternative.

»Mathematik ist das beste Spiel der Welt: spannender als Schach, mehr Glückssache als Poker und haltbarer als Monopoly. Sie kostet nichts und man kann überall spielen – Archimedes tat es in der Badewanne.«

Richard J. Trudeau,
Mathematiker und Autor

Faszinierende Zahlen

Kinder finden es spannend, Dinge zu zählen. Sie werden auch an diesem Zahlenset Spaß haben, für das die Sandpapierziffern aus der Montessori-Pädagogik Pate standen. Die gestickten Konturen der Ziffern kann man wunderbar mit dem Finger nachfahren. Vorschläge für Spiele und Beschäftigungen zum Lernen der Zahlen finden Sie auf Seite 74–75. Das Spielset ist schnell und einfach anzufertigen. Die Näharbeit hält sich in Grenzen – und wenn Sie jeden Abend gemütlich eine Zahl sticken, sind Sie bald fertig.

STOFFE + KURZWAREN

- 46 cm helles Baumwoll-Leinen-Mischgewebe für die Rechtecke, 120 cm breit
- 46 cm Wollfilz oder Volumenvlies (Wolle-Synthetik-Mischung), 120 cm breit (zum Wattieren)
- 9 kleine Reste Baumwollstoff für die Ziffern 1–9
- Haftvliesreste zum Aufbügeln der Ziffern
- Baumwollsticktwist in passenden Farben
- Dünner Ast oder Rundholz von ca. 1 m Länge
- 9 Wäscheklammern mit Feder (Holz, evtl. mit ungiftigen Farben lackiert)
- 1,4 m Köperband, 1,5 cm breit (zum Aufhängen des Astes)
- Applikationskleber
- Holzleim
- Heißklebepistole mit »Munition« oder Alleskleber
- Fransenstopp-Textilkleber

WERKZEUG + ZUBEHÖR

- Schnittmuster aus der Tasche hinten im Buch
- Rollschneider, Quiltlineal und Schneidematte (nach Belieben zum Zuschneiden)
- Sticknadel
- Stecheisen oder Schaber (nach Belieben, siehe Tipp)

Rechtecke und Ziffern vorbereiten

1 Aus dem Baumwoll-Leinen-Mischgewebe 18 Rechtecke von 12,5 × 10 cm zuschneiden. Das geht am schnellsten, wenn man mehrere Lagen gleichzeitig mit Rollschneider und Quiltlineal auf einer Schneidematte zuschneidet. Die gleiche Anzahl Rechtecke aus Wollfilz zuschneiden. Alle bis auf neun Baumwoll-Leinen-Rechtecke beiseitelegen.

2 Die Ziffern auf die Papierseite des Haftvlieses zeichnen. Die Vorlagen sind bereits seitenverkehrt. Die Ziffern grob ausschneiden und gemäß Herstelleranweisung auf die Rückseiten der Stoffreste bügeln. Danach exakt auf den vorgezeichneten Linien ausschneiden, das Trägerpapier abziehen und jede Ziffer mittig auf eines der Baumwoll-Leinen-Rechtecke bügeln. Die Umrisse der Ziffern 1 oder 2 mm innerhalb der Kontur mit passendem Stickgarn im Stielstich (Seite 143) nachsticken.

Die Rechtecke nähen

3 Auf die linke Seite eines unbestickten Baumwoll-Leinen-Rechtecks in 1,3 cm Abstand zur Stoffkante einen dünnen Strich Applikationskleber auftragen. Ein Rechteck aus Wollfilz darauflegen. Einen Strich Kleber auf den Filz auftragen und noch eine Lage Filz darauflegen. Erneut Kleber auftragen und darauf ein Ziffernrechteck mit der verzierten Seite nach oben legen. Alle Rechtecke ebenso aus vier Lagen zusammensetzen und ein Weilchen trocknen lassen. Applikationskleber klebt nicht dauerhaft, verhindert aber, dass sich die Lagen beim Nähen verschieben.

4 Die vierlagigen Rechtecke in 1,5 cm Abstand zur Kante ringsherum absteppen. Mit einer scharfen Schneiderschere oder einem Rollschneider die Stoffkanten 3 mm neben der Stepplinie gerade abschneiden. Die Rechtecke sollen 7,5 × 10 cm groß sein.

5 Die Kanten der Rechtecke mit Fransenstopp versiegeln (bitte Herstelleranweisung beachten).

Der Ast zum Aufhängen

6 Die neun Wäscheklammern gleichmäßig auf dem Ast anordnen. Wenn der Ast 1 m lang ist, betragen die Abstände zwischen den Klammern etwa 9 cm.

7 Die Klammern direkt über der Metallfeder mit Holzleim ganz gerade auf den Ast kleben. Wenn sie nach hinten geneigt sind, hängen die Ziffern später zu dicht an der Wand.

8 Zusätzlich farblich passenden, dreifädigen Sticktwist in Achterschlingen um den Ast und den hinteren Arm jeder Klammer wickeln und auf der Rückseite fest verknoten. Den Holzleim gut aushärten lassen.

9 Die Enden des Köperbandes in 2,5 cm Abstand zu den Enden des Astes festbinden. Unter jeden Knoten zur zusätzlichen Sicherung einen Klecks Heiß- oder Alleskleber geben (Alleskleber trocknet langsamer).

10 Mit jeder Klammer eine Ziffer festklemmen. Dann den Ast an dem Köperband relativ niedrig an die Wand hängen, sodass das Kind die Ziffern leicht erreichen kann.

:: Tipp

Wenn sich die Rinde des Astes löst, können die Klammern wackelig werden. Um das zu vermeiden, können Sie vor dem Anbringen der Klammern die Rinde mit einem Stecheisen oder Schaber entfernen.

Alternativ wählen Sie einen Ast, dessen Rinde nicht dick und rau ist, sondern dünn und glatt. Frisch geschnittene Äste müssen vor der Verarbeitung austrocknen. In dieser Zeit können Sie die Rinde begutachten und bei Bedarf entfernen.

:: Tipp

Nach demselben Prinzip können Sie auch Buchstaben gestalten. Einfach eine schöne Schriftart (möglichst mit abgerundeten Ecken) aussuchen, auf das gewünschte Format vergrößern und ausdrucken. Denken Sie daran, die Buchstaben seitenverkehrt auf das Haftvlies zu übertragen.

Spannende Zahlenspiele

Die Stoffzahlen eignen sich gut für interaktive Lernspiele. Hier kommen ein paar Vorschläge.

1 **Wie heißt die Zahl?** Kleine Kinder, die noch keine Zahlen lesen können, sollten zuerst einmal die Namen der Ziffern kennenlernen, bevor sie sich intensiver mit dem Zählen beschäftigen.

a **Drei-Stufen-Lektion** In der Montessori-Pädagogik lernen Kinder in Drei-Stufen-Lektionen, wie die Ziffern heißen und aussehen. In der ersten Stufe sucht das Kind einige Ziffern aus, die es lernen möchte, und legt sie auf eine Arbeitsfläche. Nennen Sie dem Kind die Namen der Ziffern. Sie könnten »vier« sagen und die 4 mit dem Finger nachzeichnen. Dann zeigen Sie auf die 5 und sagen »fünf«. Benennen Sie alle Ziffern mehrmals.

Die zweite Stufe ist spielerischer. Sie könnten beispielsweise sagen »Gib mir die Vier in die Hand« oder »Lege mir die Fünf auf den Kopf«, vielleicht auch »Verstecke die Drei« oder »Lege die Vier unter den Tisch«. Es gibt zahllose Varianten. Ein Kind mit großem Bewegungsdrang könnten Sie auffordern »Lege die Drei neben den Katzennapf« oder »Verstecke die Fünf unter einem Sofakissen«.

Nehmen Sie sich für die ersten Stufen reichlich Zeit und fahren Sie erst mit der relativ kurzen dritten Stufe fort, wenn das Kind die Ziffern schon gut kennt. Sie fragen einfach: »Was ist das?« Wenn das Kind richtig antwortet – prima. Wenn nicht, sagen Sie gar nichts und fahren noch ein Weilchen mit den ersten beiden Stufen fort. Nach einer Weile wird es im Köpfchen »klick« machen.

b **Anklopfen und Variationen** Wenn Ihr Kind die meisten Ziffern kennt, können Sie es einmal mit dem folgenden Spiel versuchen. Das Kind holt die Ziffern, die es kennt, und breitet sie nebeneinander auf dem Teppich aus – mit der Rückseite nach oben. Klopfen Sie auf eine Zahl. Dabei sagen Sie: »Klopf, klopf, wer ist da?« Dann drehen Sie die Ziffer um, zeichnen sie mit dem Finger nach und sagen ihren Namen.

Wenn sich die Ziffern in einem anderen Raum befinden, können Sie das Kind auch auffordern, eine bestimmte Ziffer zu holen. Dadurch wird sein Gedächtnis trainiert. Für kleinere Kinder ist es nämlich gar nicht so einfach, den Auftrag »im Kopf zu behalten« und die Ziffer aus einem anderen Zimmer zu holen.

2 Ziffer und Menge Das Kind legt einige Ziffern auf den Teppich. Sie zeigen dann auf eine Ziffer und sagen »Hol mir so viele Löffel« (oder Bauklötze, Socken, Bücher). Kinder haben Spaß an dem Spiel, weil es mit viel Bewegung verbunden ist. Sie können auch konkrete Bewegungsaufträge erteilen, etwa: »Geh so viele Schritte«, »Hüpfe so viele Male« oder »Drücke mich so oft ganz fest«.

Wenn das Kind folgerichtig zählen kann, mischen Sie Ziffern auf dem Boden und bitten das Kind, sie in die richtige Reihenfolge zu bringen. Stellen Sie ein Kästchen mit 45 kleinen Gegenständen bereit, zum Beispiel Knöpfen. Legen Sie einen Knopf unter die 1, zwei Knöpfe unter die 2 – dann soll das Kind fortfahren. Tauschen Sie die Gegenstände häufig aus, damit das Spiel interessant bleibt.

3 Zahlen malen Die Stoffziffern sind eine gute Hilfe dabei, das Schreiben von Zahlen zu üben. Weil der kleine Finger auf der Stickerei wie auf Schienen gleitet, entwickelt das Kind eine »motorische Erinnerung« an jede Ziffer. Dadurch lernt es leicht, die Ziffer eigenständig zu schreiben. So könnten Sie vorgehen:

- Zuerst die Ziffer auf dem Stoff nachfahren, dann mit dem Finger auf den Tisch malen.
- Zuerst die Ziffer auf dem Stoff nachfahren, dann mit dem Finger auf ein Tablett mit Sand malen.
- Zuerst die Ziffer auf dem Stoff nachfahren, dann malt das Kind die Ziffer mit dem Finger auf Ihren Rücken und Sie müssen raten, welche es ist.
- Zuerst die Ziffer auf dem Stoff nachfahren, dann mit Kreide auf eine Tafel malen.
- Zuerst die Ziffer auf dem Stoff nachfahren, dann mit Bleistift auf ein Stück Papier schreiben.

4 Zehner und größere Zahlen Wenn Ihr Kind die Zahlen von 1–9 kennt, nähen Sie noch ein weiteres Rechteck mit einer Null. Nun können Sie zwei Rechtecke kombinieren, um mit bereits bekannten Spielen (zum Beispiel Vorschläge 1 und 2) größere Zahlen einzuüben.

Ältere Kinder haben Spaß daran, die Zahlen in unterschiedlicher Reihenfolge an die Klammern zu hängen und zu benennen. Die Zahlen werden immer größer: »Vierhundertsechsundzwanzig Millionen neunhunderteinundachtzigtausenddreihundertsiebenundfünfzig«.

Verkleide-Box

Alle Kinder lieben es, sich zu verkleiden. Diese stabile Stoffbox bietet Platz für jede Menge Utensilien. Sie ist standfest, dabei aber ganz weich – perfekt zum gefahrlosen Spielen. Tauschen Sie den Inhalt der Box regelmäßig aus. Ihr Kind wird begeistert sein, wenn es etwas Neues (oder Vergessenes) entdeckt. Bringen Sie an einer Wand einen Spiegel an, in dem sich Kinder vollständig sehen können. Denken Sie auch an praktische Haken für einen Spielumhang (Seite 80) und einige größere Kleidungsstücke, dann haben Sie beste Bedingungen für stundenlange fantasievolle Spiele geschaffen. Vielleicht möchten Sie gleich mehrere solche Stoffkisten nähen, in denen Stofftiere und andere leichte Spielsachen verstaut werden?

FERTIGE GRÖSSE Bodenfläche 30,5 × 30,5 cm, 27 cm hoch

STOFFE + KURZWAREN

- 1 m von 2 verschiedenen Baumwoll-Dekostoffen, 140 cm breit (für Außenseite und Futter. Sie können farblich abgestimmte oder kontrastreiche, einfarbige oder gemusterte Stoffe verwenden. Das Muster darf keine Laufrichtung haben.)
- Passendes Nähgarn
- 1 Quadrat (30,5 × 30,5 cm) und 4 Rechtecke (30 × 25,5 cm) schadstoffgeprüfter Schaumstoff, 1–1,5 cm dick, oder verdichteter Polyesterschaum

WERKZEUG + ZUBEHÖR

- Schnittmustervlies oder Schneiderkopierpapier
- Schnittmuster aus der Tasche hinten im Buch
- Nadel zum Nähen von Hand
- Reißverschlussfuß für die Nähmaschine
- Rollschneider, Quiltlineal und Schneidematte (nach Belieben zum Zuschneiden)

Hinweise

- Sofern nichts anderes angegeben ist, beträgt die Nahtzugabe 1,3 cm.
- Alle Stoffe vor der Verarbeitung waschen, trocknen und bügeln.

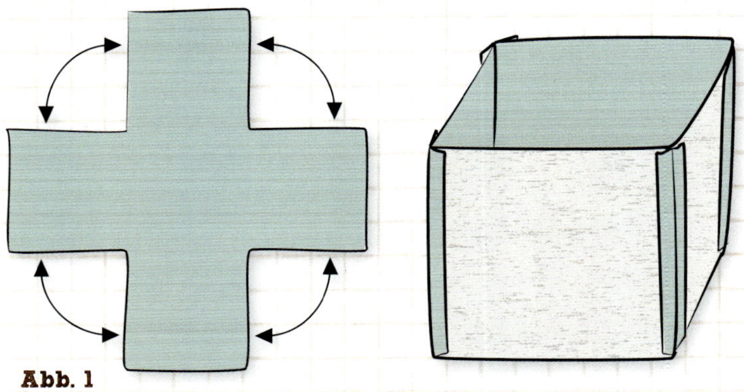

Abb. 1

Abb. 2

Abb. 3

= linke Stoffseite

Zuschneiden

1 Das Schnittmuster mit allen Markierungen auf Schnittmustervlies oder Schneiderkopierpapier übertragen und ausschneiden.

2 Den Außenstoff der Länge nach rechts auf rechts falten, die Webkanten liegen aufeinander. Ein Teil im Stoffbruch zuschneiden und die Markierungen auf den Stoff übertragen. Ebenso ein Teil aus dem Futterstoff zuschneiden. Aus dem restlichen Futterstoff zwei Henkel von je 28 × 9 cm zuschneiden.

Die Henkel nähen

3 Einen der Streifen rechts auf rechts zur Hälfte falten, die langen unversäuberten Kanten aufeinander ausrichten. Diese Kanten stecken und den Streifen zum Schlauch zusammennähen.

4 Die Nahtzugaben auseinanderbügeln. Die Naht in die Mitte des Streifens drehen. Auf rechts wenden und bügeln. Dabei muss die Naht in der Mitte bleiben.

5 Beide Längsseiten im Abstand von 3 mm zu den Kanten absteppen.

6 Den zweiten Henkel ebenso nähen (Schritt 3–5), dann beide Henkel beiseitelegen.

Die Seitennähte

7 Zwei benachbarte Seitenkanten des Außenstoffes rechts auf rechts aufeinanderlegen (**Abb. 1**), die Markierungen aufeinander ausrichten und stecken. Von der oberen Kante zur Faltkante (später die untere Ecke) zusammennähen. Die anderen drei Seitennähte ebenso nähen. Die Nahtzugaben an den Ecken schräg abschneiden (Seite 145), die Nahtzugaben auseinanderbügeln. Die äußere Box ist fertig, aber auf links gedreht (**Abb. 1**). Das Futter ebenso nähen.

8 Die Oberkanten von Außenstoff und Futter 2,5 cm weit zur linken Stoffseite umbügeln.

Den Boden polstern

9 Die äußere Box auf rechts wenden. Das Schaumstoffquadrat (30,5 cm Kantenlänge) mittig auf den Boden der Box legen. Das Futter in die äußere Box einsetzen. Die Seitennähte und die Oberkanten bündig ausrichten. Der Schaumstoffboden liegt zwischen den Stofflagen.

10 Den Boden von Außen- und Futterstoff glatt streichen und die Ecken beider Lagen aufeinander ausrichten. Um die Einlage um Boden zu fixieren, Stecknadeln durch Futter, Schaumstoff und Außenstoff stecken (**Abb. 2**). Die Box umdrehen und die Unterseite kontrollieren. Auch dort soll der Stoff ganz glatt sitzen.

11 Farblich passendes Nähgarn in eine Nähnadel einfädeln. An einer Ecke zwischen Futter und Außenstoff einstechen, um das Fadenende zu verstecken. Mit langen Vorstichen (Seite 143) einmal um die Schaumstoffeinlage durch Außen- und Futterstoff nähen (aber nicht durch den Schaumstoff stechen), damit die Einlage nicht verrutscht. Wenn Sie einen neuen Faden nehmen, verstecken Sie alle Knoten zwischen den Stofflagen. Die Vorstiche halten die Einlage am Boden an ihrem Platz.

Seitliche Polsterung und Fertigstellung

12 An jeder Seite der Box ein Schaumstoffrechteck zwischen Außen- und Futterstoff schieben. Die Längsseiten liegen jeweils parallel zum Boden. Die Rechtecke dicht an die Vorstichnaht schieben und mittig zwischen den Seitennähten ausrichten.

13 Die umgebügelten Kanten von Außenstoff und Futter ringsherum zusammenstecken, dabei an zwei gegenüberliegenden Seiten die Enden der Henkel jeweils in 7,5 cm Abstand zu den Ecken dazwischenschieben. Die Henkelenden mit einer zusätzlichen Nadel fixieren (**Abb. 3**).

14 Den Reißverschlussfuß in die Nähmaschine einsetzen und die Nadel möglichst weit links einstellen (siehe Bedienungsanweisung für Ihre Nähmaschine). Falls sich die Nadel nicht verstellen lässt, macht das auch nichts. In 3 mm Abstand zur Oberkante ringsherum durch alle Stofflagen steppen – also durch Futter, Außenstoff und die Henkel. Wenn Sie möchten, können Sie die Ansatzstellen der Henkel durch eine zweite Naht dicht neben der ersten verstärken.

Wende-umhang
mit Kapuze

Mit diesem Umhang ist Ihr Kind heute Rotkäppchen, morgen ein Schmetterling und übermorgen ein Mitglied des königlichen Hofstaats. Weil er obendrein wendbar ist, bietet er noch mehr Ansätze für kreative Spielideen. Vielleicht möchten Sie ihn mit einem Animal Print füttern (für kleine Löwenbändiger) oder eine Seite aus flauschigem Webpelz nähen – lassen Sie sich etwas einfallen! Der Knopfverschluss mit Gummischlaufe lässt sich leicht öffnen und schließen. Am besten hängen Sie den Umhang an einen Haken in der Nähe der Verkleide-Box (Seite 76).

FERTIGE GRÖSSE Größe A: 49,5 cm vom Hals bis zum Saum, Größe B: 56,6 cm vom Hals bis zum Saum. Der Umhang passt für viele Größen, denn er wird einfach kürzer, wenn das Kind wächst. Größe A eignet sich gut für Kinder von 3–5 Jahren, Größe B für Kinder von 6–8 Jahren. Messen Sie das Kind, um die passende Größe auszuwählen.

STOFFE + KURZWAREN

- 80 (110) cm gewebter Stoff aus Baumwolle, Seide oder Seide-Hanf-Mischung, 155 cm breit (Außenstoff)
- 80 (110) cm gewebter Stoff aus Baumwolle, Seide oder Seide-Hanf-Mischung, 155 cm breit (Futter in Kontrastfarbe)
- Passendes Nähgarn
- Schnittmustervlies oder Schneiderkopierpapier
- 9 cm dünne Gummikordel oder Haargummi ohne Metall
- 1 Knopf mit 3 cm Durchmesser (z. B. aus Holz)

WERKZEUG + ZUBEHÖR

- Schnittmuster aus der Tasche hinten im Buch
- Rollschneider, Quiltlineal und Schneidematte (nach Belieben zum Zuschneiden)

Hinweise

- Sofern nichts anderes angegeben ist, beträgt die Nahtzugabe 1,3 cm.
- Alle Stoffe vor der Verarbeitung waschen, trocknen und bügeln.

Zuschneiden

1 Die Schnittmusterteile mit allen Markierungen auf Schnittmustervlies übertragen und ausschneiden.

2 Den Außenstoff der Länge nach rechts auf rechts zur Hälfte falten und die Webkanten aufeinander ausrichten. Ein Hauptteil im Stoffbruch und zwei Kapuzenteile zuschneiden (Schnittauflageplan auf Seite 154). Alle Markierungen vom Schnittmuster auf den Stoff übertragen, auch die Mittelmarkierung am Halsausschnitt des Hauptteils. Die Teile noch einmal aus Futterstoff zuschneiden.

Den Umhang nähen

3 Die zwei Kapuzenteile aus Außenstoff rechts auf rechts legen und an der schrägen Kante zusammennähen. Mit eingestochener Nadel wenden, die Naht an der oberen Kante fortsetzen (**Abb. 1**). Die Nahtzugabe an der Ecke schräg abschneiden (Seite 145), Kapuze auf rechts wenden und die Nahtzugaben auseinanderbügeln. Die Kapuze aus Futterstoff ebenso nähen.

4 Kapuze und Umhang aus Außenstoff am Halsausschnitt rechts auf rechts legen. Die Naht der Kapuze an die Mittelmarkierung des Umhangs legen (**Abb. 2**). Die Kanten zusammenstecken und nähen. Umhang und Kapuze aus Futterstoff ebenso zusammensetzen.

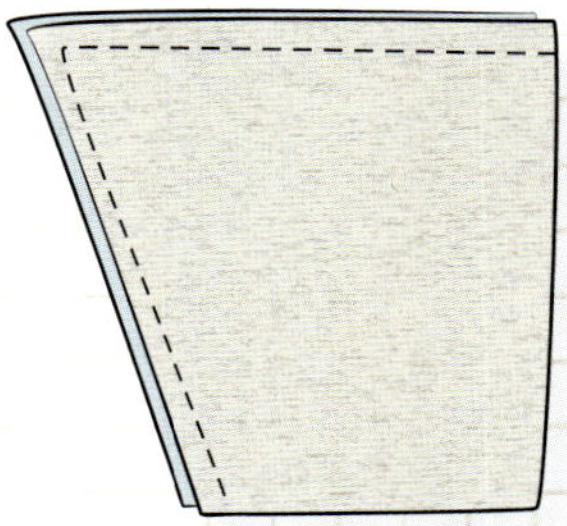

Abb. 1

Abb. 2

= linke Stoffseite

Fertigstellung

5 Die Gummikordel zur Schlaufe legen und auf der rechten Seite des Außenstoffes 2 cm unter der Halsnaht anlegen. Die Enden liegen nebeneinander an der Schnittkante, die Schlaufe zeigt zur Fläche. Die Enden 6 mm neben der Stoffkante festheften.

6 Außenstoff und Futter rechts auf rechts legen, die Nähte am Hals und an der Kapuze genau aufeinander ausrichten und stecken. Die äußeren Kanten aufeinanderstecken. Ringsherum zusammennähen, aber an der Unterkante eine 12,5 cm große Öffnung zum Wenden lassen. Die Nahtzugaben an den Ecken schräg abschneiden und an den Rundungen einschneiden (Seite 145). Den Umhang auf rechts wenden – die Gummischlaufe liegt nun außen. Die Nahtzugaben an der Öffnung einschlagen und bügeln. Umhang und Kapuze ringsherum mit 1 cm Abstand zur Kante absteppen, dabei auch die untere Öffnung schließen.

7 Den Knopf von Hand unter der Halsnaht gegenüber der Gummischlaufe annähen. Er muss genau an der Vorderkante sitzen, damit er sich auch leicht schließen lässt, wenn der Umhang gewendet wird.

8 An der Spitze der Kapuze einen oder zwei kleine Stiche durch beide Stofflagen nähen, dabei die Knoten und Fadenenden zwischen den Stofflagen verstecken. Diese Stiche verhindern, dass die Stofflagen der Kapuze verrutschen, wenn sich das Kind beim Spielen bewegt.

Tipp

Durch den großen Holzknopf bekommt der Umhang rustikalen Charme. Ich habe ihn bei einem Anbieter auf Etsy gekauft (siehe Seite 158), aber Sie können solche Knöpfe auch leicht selbst machen: Einfach eine Scheibe von einem Zweig absägen und zwei Löcher in die Mitte bohren.

Kreatives Spiel fördern

Sie können viel dafür tun, die Kreativiät Ihres Kindes anzuregen.

- Räumen Sie einen Teil des Spielzeugs weg. Wenn ein Kind zu viele Spielsachen vor Augen hat, fällt es ihm schwer, sich auf eine Beschäftigung zu konzentrieren. Ich stelle für meinen Sohn immer nur eine kleine Anzahl von Spielsachen auf ein Regal und wechsele sie alle paar Wochen gegen andere aus, die ich in einem anderen Raum aufbewahre. Wenn ein Spielzeug, das er eine Weile nicht gesehen hat, dann wieder auftaucht, kommt er oft auf ganz neue Ideen, was sich damit anfangen lässt. Sie werden feststellen, dass Spielsachen dadurch wesentlich länger attraktiv bleiben.

- Richten Sie in mehreren Wohnräumen »Spielstationen« ein. Ein niedriges Regal mit Kinderbüchern und ein bequemer Kindersessel genügen für eine gemütliche Leseecke.

- Schaffen Sie in unmittelbarer Nähe Ihrer Näh- und Bastelecke einen Platz für Ihr Kind und bewahren Sie seine Mal- und Bastelutensilien dort auf. Dann können Sie gemeinsam kreativen Beschäftigungen nachgehen – die meisten Kinder mögen das sehr gern.

- Bewahren Sie Puppen oder eine Verkleidekiste in einem Wohnbereich auf, den Sie häufig benutzen. Vor allem kleine Kinder spielen nicht so gern allein in ihrem Zimmer, sondern lieber dort, wo sich die Familie aufhält.

- Schaffen Sie einfache, schöne und langlebige Spielsachen an. Kinder müssen ihre Fantasie einsetzen, um Bauklötze, Stoffreste und einfache Puppen »zum Leben zu erwecken«. Simple Spielsachen lassen mehr Raum für verschiedene Spielideen, sie sind leicht zu beschaffen und man kann sie gut selbst machen. Gehen Sie draußen auf die Suche nach kostenlosen »Spielsachen« wie Tannenzapfen, Eicheln, Muscheln oder schönen Steinen (für Kinder, die nicht mehr alles in den Mund stecken).

- Bewahren Sie Spielsachen in Kästen und Körben auf. Wenn jedes Ding seinen (gut zugänglichen) Platz hat, fällt dem Kind das Aufräumen viel leichter.

KAPITEL VIER

Draußen spielen

Wenn wir Erwachsenen das Wort »Natur« hören, denken wir oft an beeindruckende Ausblicke, eine tosende Brandung, überwältigende Bergpanoramen oder stattliche Wälder. Die Natur ist etwas Großes und es kann Mühe machen, ihr nahe zu kommen. Man muss das Auto mit Campingutensilien beladen, ein Wochenende für einen Ausflug ans Meer reservieren oder einen Rucksack mit Gepäck für eine Wanderung schnüren. Natürlich wissen wir, dass es wichtig für Kinder ist, die Natur zu erleben. Dadurch werden ihre Sinne geschärft, sie können viel lernen und sie entwickeln ein grundlegendes Umweltbewusstsein.

Zum Glück erleben Kinder die Natur ganz anders. Für sie ist die Natur klein, intim und ganz in ihrer Nähe. Ein kleines Kind kann die eindrucksvolle Größe eines Berges nicht schätzen, es kann aber das Gefühl von Gras zwischen nackten Zehen genießen oder über einen Marienkäfer staunen, der auf seiner Schulter landet. Damit Ihr Kind Natur erlebt, müssen Sie nicht in einen Nationalpark fahren – der eigene Garten genügt. Wichtig ist, dass das Kind jeden Tag draußen ist – und bei jedem Wetter (natürlich mit angemessener Kleidung). Eine Wandertour in den großen Ferien bietet Stoff für schöne Erinnerungen, aber eine echte Beziehung zur Natur entsteht dadurch, dass man sie tagtäglich erlebt.

Die Spielzeit im Freien, vielleicht vor dem Mittagessen oder nach der Schule, kann zum festen Element im Tagesrhythmus des Kindes werden. Das folgende Kapitel enthält tolle Projekte, die Ihr Kind zum Spielen mit nach draußen nehmen kann, zum Beispiel eine tragbare Mappe für die Malutensilien (Seite 94) und ein vielseitiges Spielzelt (Seite 108).

Rückentrage für Puppen

Weil Kinder nicht nur im Haus mit Puppen spielen, ist dieser Tragerucksack ungemein praktisch. In ihm kann Ihr Kind seine Stoffpuppe (Seite 56) zum Spaziergang in den Wald, zur Oma oder zum Kinderarzt mitnehmen. Meine begabte Freundin Fabiola Perez-Sitko hat diesen bezaubernden Tragerucksack für die Puppen ihrer Töchter entworfen. Fabiola ist eine außerordentlich geschickte Puppenmacherin, deren Produkte über ihren Etsy-Shop »figandme« reißenden Absatz finden. Die Rückentrage eignet sich für Puppen von etwa 38–45 cm Größe.

FERTIGE GRÖSSE 33 cm breit, 51 cm hoch

STOFFE + KURZWAREN

- 70 cm robuster Stoff, 120 cm breit (für die Außenseite, hier dunkelbrauner Cord)
- 70 cm Baumwollstoff, 120 cm breit (für Futter und Tasche, hier weiß mit Blumen)
- 40 cm Baumwoll- oder Polyesterband, 2,5 cm breit (für den verstellbaren Teil der Träger, hier schwarz)
- 2 Gurtversteller, 2,5 cm breit
- 65 cm mittelfeste Bügeleinlage, 90 cm breit
- Schnittmustervlies oder Schneiderkopierpapier
- Fransenstopp-Textilkleber

WERKZEUG + ZUBEHÖR

- Schnittmuster aus der Tasche hinten im Buch
- Rollschneider, Quiltlineal und Schneidematte (nach Belieben zum Zuschneiden)

Hinweise

- Sofern nichts anderes angegeben ist, beträgt die Nahtzugabe 6 mm.
- Beim Zuschneiden von Cord darauf achten, dass die Strichrichtung bei allen Teilen gleich ist (Seite 142).
- Auf dem Schnittmuster für das Rückenteil sind Punkte für die Positionen der Trägerenden angezeichnet. An diesen Punkten das Papier durchstechen und die Markierungen auf dem Stoff anzeichnen. Den Stoff nicht durchstechen.

Zuschneiden

1 Die Schnittmusterteile mit allen Markierungen auf Schnittmustervlies oder Schneiderkopierpapier übertragen und ausschneiden.

2 Aus dem Hauptstoff:
* Ein Rückenteil im Stoffbruch
* Ein Vorderteil im Stoffbruch
* Ein Rechteck von 63,5 × 12,5 cm, Längsseite quer zum Fadenlauf, für das Oberteil
* Zwei Rechtecke von je 45,5 × 6,5 cm, Längsseite parallel zum Fadenlauf, für die Träger

3 Aus dem kontrastfarbenen Stoff:
* Ein Rückenteil im Stoffbruch
* Ein Rechteck von 63,5 × 12,5 cm für das Oberteil
* Zwei Rechtecke von je 45,5 × 6,5 cm für die Träger
* Eine Tasche

4 Aus der Bügeleinlage:
* Zwei Rückenteile im Stoffbruch
* Zwei Rechtecke von je 63,5 × 12,5 cm für das Oberteil

Die Einlage gemäß Herstelleranweisung auf die linke Stoffseite beider Rückenteile und Oberteile bügeln.

Das Oberteil nähen und befestigen

5 Die beiden Oberteile (Hauptstoff und Kontrastfarbe) rechts auf rechts aufeinanderlegen und an einer Längsseite zusammennähen. Auf rechts wenden und bügeln, dann 3 mm neben der genähten Kante absteppen. Noch einmal 6 mm neben derselben Kante steppen. Die beiden Stepplinien sollen parallel laufen.

6 Die unversäuberten Schmalseiten 1 cm zum Hauptstoff umbügeln. Dann das Oberteil beiseitelegen.

7 Die gerade Oberkante des Vorderteils zuerst 1 cm nach links umbügeln, dann nochmals 2 cm umbügeln.

8 Eine umgebügelte Schmalseite des Oberteils so unter die umgebügelte Kante des Vorderteils schieben, dass die Nahtzugaben ineinandergreifen (**Abb. 1**). Die unversäuberten Längsseiten aufeinander ausrichten und stecken; diese Kante wird in Schritt 2 beim Zusammenfügen von Rücken- und Vorderteil gesteppt. Bei Ober- und Vorderteil zeigt die rechte Seite des Hauptstoffes nach oben. Das andere Ende des Oberteils ebenso an die andere Seite des Vorderteils stecken. Nun von links in 3 mm Abstand zur unteren Saumkante einmal über das ganze Vorderteil steppen. Umdrehen und von rechts in 3 mm Abstand zur oberen Saumkante absteppen. An der Oberkante des Vorderteils verlaufen nun zwei Steppnähte parallel, in beiden sind die Enden des Oberteils mitgefasst (**Abb. 2**).

9 Das Vorderteil längs zur Hälfte falten, die Mitte der umgesteppten Oberkante mit einer Stecknadel markieren. Zwei weitere Nadeln 2,5 cm rechts und links von der Mitte einstechen. Die seitlichen Nadeln so zur mittleren führen, dass auf der Rückseite eine Falte entsteht. Die Falte mit Nadeln fixieren und auf den vorher genähten Stepplinien nochmals steppen (**Abb. 3**).

Die Tasche

10 Die gerade Oberkante der Tasche zuerst 1 cm nach links umbügeln, dann nochmals 2 cm nach links umbügeln. In 3 mm Abstand zur unteren Saumkante absteppen, dann nochmals in 3 mm Abstand zur oberen Saumkante. Die beiden Stepplinien sollen parallel laufen (**Abb. 4**).

11 In 6 mm Abstand zur Stoffkante eine Stütznaht (Seite 142) um die gerundete Kontur der Tasche nähen. Die Nahtzugabe an den Rundungen einschneiden, aber nicht die Stiche durchschneiden (**Abb. 4**).

12 Die gerundete Stoffkante 1 cm breit nach links umbügeln.

13 Die Tasche mittig und 3,8 cm über der unversäuberten Unterkante auf das Vorderteil stecken, die rechten Stoffseiten liegen oben. Die Tasche 3 mm neben der umgebügelten Kante aufsteppen. Nochmals in 1 cm Abstand zu derselben Kante steppen.

Die Träger

14 Aus dem Band vier Stücke von 10 cm Länge zuschneiden. *Eine Schmalseite eines Trägers aus dem

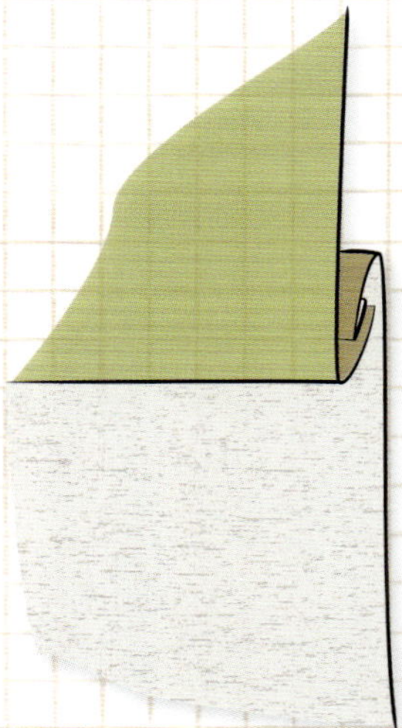

Abb. 1

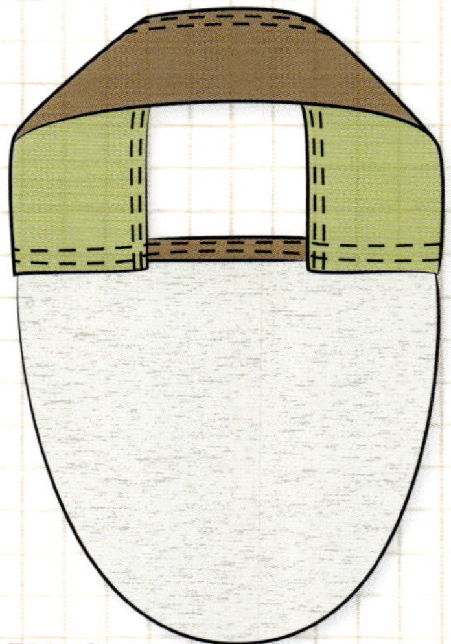

Abb. 2

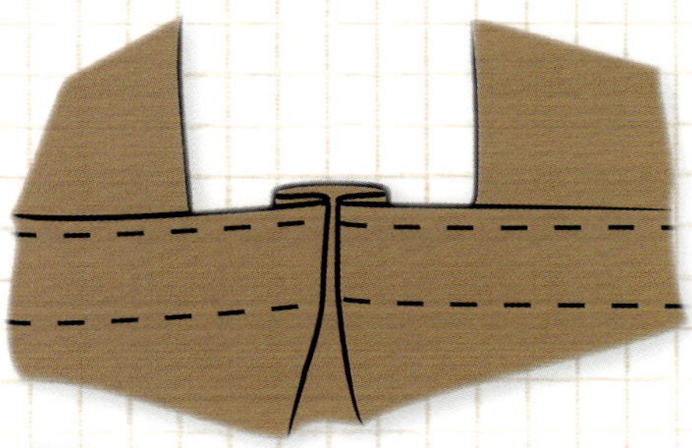

Abb. 3

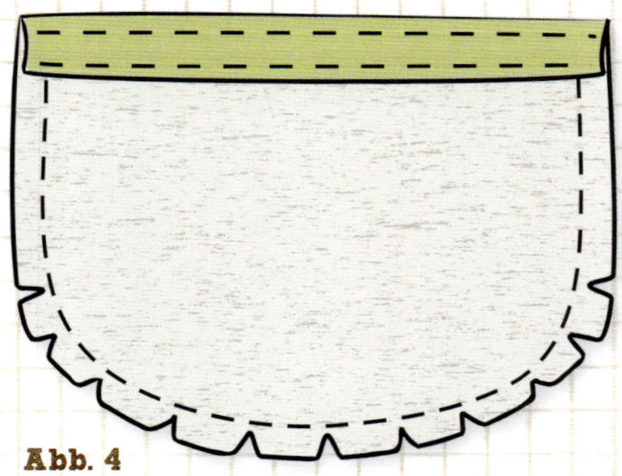

Abb. 4

= linke Stoffseite

Hauptstoff 1,3 cm nach links umbügeln. Ein Stück Band mittig so auf die rechte Seite der anderen Schmalseite legen, dass die Schnittkanten von Band und Stoff aufeinanderliegen. Eine Schmalseite eines Trägers aus kontrastfarbenem Stoff 1,3 cm nach links umbügeln. Den kontrastfarbenen Streifen rechts auf rechts auf den vorbereiteten Streifen aus Hauptstoff legen. Die unversäuberten Kanten aufeinander ausrichten, das Band liegt zwischen den Stofflagen. Beide Längsseiten und die Schmalseite mit dem Band zusammennähen. Die umgebügelte Schmalseite zum Wenden offen lassen. Die Nahtzugaben an den Ecken schräg abschneiden.

Abb. 5

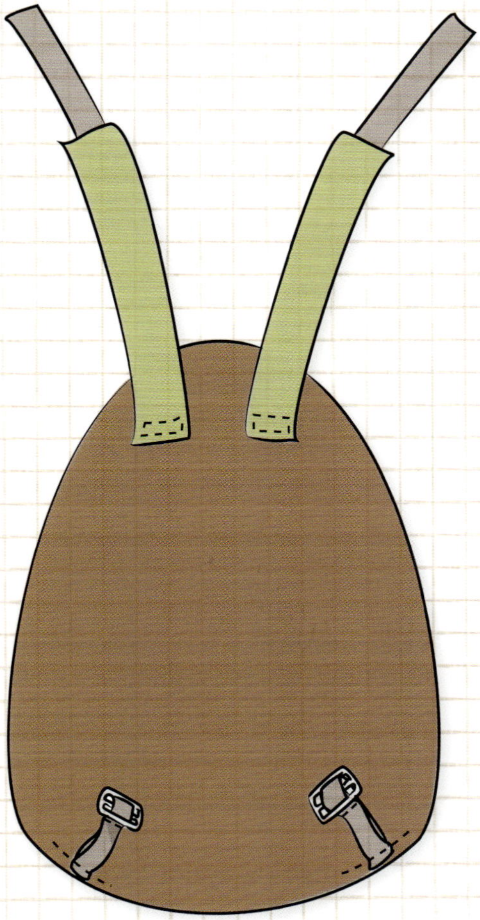

Abb. 6

15 Den Träger durch die offene Schmalseite auf rechts wenden, bügeln und ringsherum im Abstand von 6 mm zu den Kanten absteppen.

16 Für den zweiten Träger die Schritte 14 und 15 ab * wiederholen. Die Träger vorerst beiseitelegen.

Das Rückenteil vorbereiten

17 Die Rückenteile aus Hauptstoff und kontrastfarbenem Stoff links auf links (Bügeleinlage) aufeinanderlegen. Auf der Nähmaschine einen langen Geradstich (4–5 mm) einstellen und die Teile in 6 mm Abstand zur Kante zusammenheften.

18 Für eine Bandschlaufe eines der restlichen Bandstücke (10 cm) durch einen Gurtversteller ziehen (**Abb. 5**). Das Band zur Hälfte falten und möglichst dicht neben dem Gurtversteller quer absteppen. Die Schmalseiten des Bandes zwischen den Markierungen an die Unterkante des Rückenteils (Hauptstoff) stecken. Die Bandschlaufe liegt auf dem Rückenteil. Die zweite Bandschlaufe ebenso vorbereiten. Beide Bandschlaufen an den Rücken heften.

19 Die Schmalseiten der Träger (ohne Band) an die unteren Markierungen auf dem Rückenteil legen (**Abb. 6**). Die Träger ragen über das Rückenteil hinaus, ihre Hauptstoff-Seite ist dem Hauptstoff des Rückenteils zugewandt. Die Träger feststecken und ihre Enden jeweils mit einem Rechteck (1,3 × 5 cm) durch alle Stofflagen hindurch feststeppen.

Fertigstellung

20 Die Träger über die gesteppten Rechtecke nach unten falten und in der Mitte des Rückenteils feststecken. Das Vorderteil rechts auf rechts ans Rückenteil stecken. Tasche, Träger und Bandschlaufen liegen zwischen den beiden Teilen. Ringsherum mit 6 mm Abstand zur Stoffkante zusammennähen, dann die Kante mit Zickzack- oder Overlockstich versäubern. Die Trage auf rechts wenden.

21 Die Träger lösen. Die Bänder an den Trägern so durch die Gurtversteller schieben, dass diese auf den Bandschlaufen liegen. Die unversäuberten Schmalseiten der Bänder 1 cm nach links umschlagen und knappkantig feststeppen. Fransenstopp auf die Schnittkanten der Bänder geben, damit sie nicht ausfransen.

Mal-mappe

Diese Mappe ist ein tragbares Atelier für kleine Künstler aller Altersklassen. Sie bietet Platz für 15 dicke Stifte oder Kreiden, 10 Filzer und einen Zeichenblock. Durch die Einlagen aus Acrylglas ist sie auch gleich eine stabile Unterlage, auf der es sich gut malen lässt. Und wenn das Kind fertig gemalt hat, klappt es die Mappe einfach zu und trägt sie an den Henkeln ins Haus. Viele Kinder mögen es, an einem ruhigen Platz im Freien Pflanzen und Tiere zu beobachten und zu malen, was sie sehen.

FERTIGE GRÖSSE 28,5 × 36 cm (geschlossen)

STOFFE + KURZWAREN

- 1,4 m robuster Dekostoff aus Baumwolle oder Baumwoll-Leinen-Mischgewebe, 140 cm breit (Hauptstoff, hier mit Tieren und Pflanzen)
- 35 cm fester Baumwollstoff 120 cm breit (für das Futter)
- 2 Stück dickes Acrylglas, je 28 × 35,5 cm (preiswert beim Glaser oder im Baumarkt zu bekommen)
- 1 Magnetverschluss, 19 mm Durchmesser
- Rest (12,5 x 12,5 cm) mittelfeste Bügeleinlage
- 2 Knöpfe, 3 cm Durchmesser (hier runde Holzknöpfe)
- Passendes Nähgarn
- 16 cm farblich passende Gummikordel oder 2 dünne Haargummis ohne Metall
- Schnittmustervlies oder Schneiderkopierpapier

WERKZEUG + ZUBEHÖR

- Schnittmuster aus der Tasche hinten im Buch
- Zollstock
- Schneiderkreide oder Textilstift
- Rollschneider, Quiltlineal und Schneidematte (nach Belieben)
- Reißverschlussfuß für die Nähmaschine
- Nadel zum Nähen von Hand
- Schlauchwender
- Flachzange (zum Montieren des Magnetverschlusses)

Hinweise

- Sofern nichts anderes angegeben ist, beträgt die Nahtzugabe 1,3 cm.
- Zum Nähen von Hand verwende ich gern relativ kurze Nähnadeln, weil sie sich besser führen lassen.

Zuschneiden

1 Das Schnittmuster für das Vorderteil der Stiftetasche mit allen Markierungen auf Schnittmustervlies oder Schneiderkopierpapier übertragen und ausschneiden.

2 Den Hauptstoff mit der rechten Seite nach oben auf eine ebene Fläche legen und die unten genannten Teile so darauf anordnen, dass das Stoffmuster schön ausgenutzt wird. Bei unserem Beispiel verläuft ein großer Musterstreifen über die Außenseite der Mappe. Für die Innentaschen wurden klein gemusterte Bereiche verwendet. Die Teile gleich nach dem Zuschneiden mit Schneiderkreide oder Textilstift markieren, um sie nicht zu verwechseln.

3 Aus dem Hauptstoff:
* Zwei Hauptteile, je 38,5 × 63,5 cm; für die Außenseite einen schönen Musterbereich wählen.
* Eine Tasche für Kreiden, 27,5 × 58,5 cm
* Ein Vorderteil für die Stiftetasche gemäß Schnittmuster
* Eine Klappe für die Stiftetasche, 9,8 × 19,5 cm
* Zwei Henkel, 30,5 × 7,5 cm
* Eine Tasche für den Zeichenblock, 26,5 × 26,5 cm
* Ein Verschlussriegel, 11,5 × 7,5 cm

Abb. 1

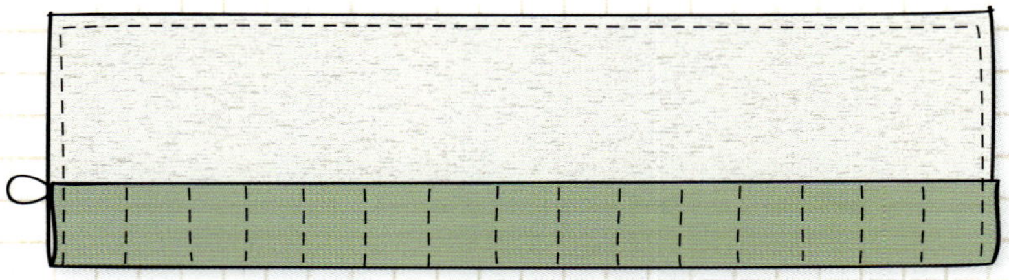
Abb. 2

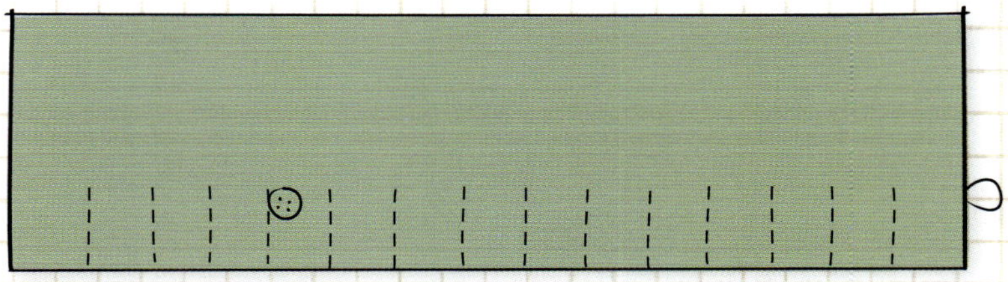
Abb. 3

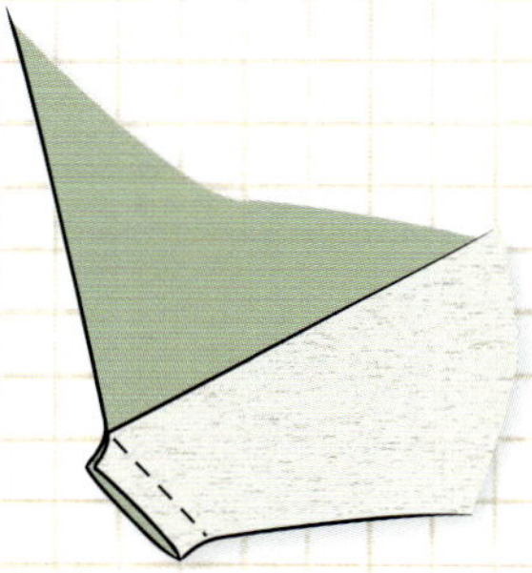
Abb. 4

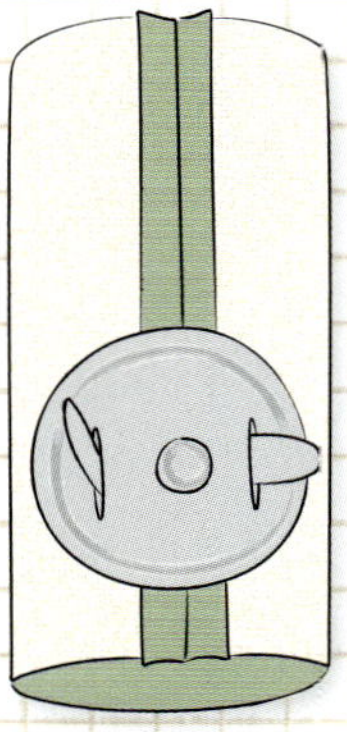
Abb. 5

= linke Stoffseite

:: Tipp

Kaufen Sie für kleine Kinder, die noch alles in den Mund stecken, nur ungiftige Stifte, die es von verschiedenen Herstellern gibt. Älteren Kindern sollten Sie hochwertige Malutensilien spendieren, um ihre Kreativität zu fördern.

Die Qualität von Stiften und Papier hat großen Einfluss auf die Bilder, die Ihre jungen Meister kreieren.

Ich empfehle die Anschaffung wasservermalbarer Wachskreiden und guter Farbstifte. Kaufen Sie statt billiger Filzstifte lieber eine kleine Auswahl guter Illustrationsmarker. Solche hochwertigen Materialien wird die ganze Familie gern verwenden.

4 Aus dem Stoff in Kontrastfarbe:
* Eine Tasche für Kreiden, 27,5 × 58,5 cm
* Eine Rückseite für die Stiftetasche, 12,5 × 19,5 cm
* Eine Klappe für die Stiftetasche, 9,8 × 19,5 cm

5 Aus der Bügeleinlage:
* Einen Verschlussriegel, 11,5 × 7,5 cm
* Eine Verstärkung, 5 × 5 cm

Tasche für dicke Kreiden

6 Die Gummikordel in zwei Hälften schneiden, eine vorerst beiseitelegen.

7 Das andere Stück Gummikordel zur Hälfte falten und 14 cm unter der oberen rechten Ecke auf die rechte Seite des Hauptstoffes für die Tasche heften. Die Enden des Gummis liegen mit 6 mm Abstand an der Stoffkante, die Biegung zeigt zur Fläche. Haupt- und Futterstoff für die Tasche rechts auf rechts kantengenau aufeinanderstecken und ringsherum zusammennähen, dabei ein 7,5 cm langes Stück Naht zum Wenden offen lassen. Die Gummikordel in der Naht mitfassen. Die Nahtzugabe an den Ecken schräg abschneiden (Seite 145), die Tasche wenden. Bügeln, dabei die Nahtzugaben an der Öffnung nach innen einschlagen.

8 Die Tasche so hinlegen, dass das Futter nach oben und die Gummischlaufe nach links zeigt. Die Öffnung in der Oberkante zustecken. Die Unterkante bis zum Gummi nach oben falten. Beide Schmalseiten und die Längsseite knappkantig absteppen (Seite 142), um den Umschlag zu fixieren und die Öffnung zu schließen (**Abb. 1**).

9 Mit einem Textilstift oder Schneiderkreide auf den unteren Teil der Tasche Striche in Abständen von jeweils 3,8 mm zeichnen, insgesamt 14 Striche von 7,6 cm Länge (**Abb. 2**).

10 Alle Striche absteppen. Jeweils an der unteren, gefalteten Kante beginnen und das obere Nahtende gut verriegeln (Seite 142). So entstehen 15 Fächer für Kreiden (**Abb. 2**). Die obere Längsseite so weit nach unten falten, dass sie die Oberkante der Steckfächer etwas überdeckt. Den Kniff bügeln.

11 Die Tasche umdrehen: Der Hauptstoff zeigt nach oben, die Schlaufe nach rechts. 1 cm rechts von der Naht des vierten Steckfaches und 7,5 cm über der Unterkante einen Knopf annähen (**Abb. 3**). Dabei aber nicht das Steckfach zunähen. Diese Tasche vorerst beiseitelegen.

Die Stiftetasche

12 Das restliche Stück Gummikordel wie in Schritt 6 zur Hälfte falten und mittig an die Unterkante der Klappe aus dem Hauptstoff legen. Die Enden des Gummis liegen mit 6 mm Abstand an der Stoffkante, die Biegung zeigt zur Fläche. Das Gummi festheften. Die Klappen aus Haupt- und Futterstoff rechts auf rechts kantengenau aufeinanderstecken und ringsherum zusammennähen, aber eine 5 cm lange Öffnung zum Wenden lassen. Die Nahtzugaben an den Ecken schräg abschneiden. Die Klappe wenden und bügeln, dabei die Nahtzugaben an der Öffnung einschlagen. Die Klappe ringsherum absteppen, dabei auch die Öffnung schließen. Beiseitelegen.

13 Die Stiftetasche rechts auf rechts diagonal falten. Die Markierungen an einer unteren Ecke ausrichten und die Ecknaht mit 6 mm Abstand zur Stoffkante nähen (**Abb. 4**). Die zweite untere Ecke ebenso nähen.

14 Vorder- und Rückseite der Tasche rechts auf rechts an Seiten- und Unterkanten aufeinanderstecken und mit 6 mm Nahtzugabe zusammennähen. Die Nahtzugaben auseinanderbügeln.

15 Die Tasche noch auf links gedreht lassen. Die gesamte Oberkante (Hauptstoff und Futter) 6 mm nach links umbügeln. Nochmals 1,3 cm nach links bügeln, stecken und diesen Saum dicht neben der inneren Bruchkante feststeppen.

16 Mit farblich passendem Nähgarn den zweiten Knopf mittig und 3,8 cm unter der Oberkante auf die Vorderseite der Tasche nähen. Die Tasche vorerst beiseitelegen.

Die Zeichenblock-Tasche

17 Eine Kante des zugeschnittenen Teils 6 mm breit nach links umbügeln. Nochmals 1,3 cm breit nach links bügeln und stecken. Den Saum an der Taschenoberkante dicht neben der inneren Bruchkante feststeppen.

18 Die anderen drei Kanten der Tasche 1,3 cm breit nach links umbügeln. Sie werden in Schritt 27 auf das Futter des Hauptteils gesteppt. Die Tasche für den Zeichenblock vorerst beiseitelegen.

Henkel und Verschluss

19 Einen Henkel rechts auf rechts längs zur Hälfte falten. Die 30,5 cm lange Längsseite zusammennähen. Die Naht in die Mitte des so entstandenen Schlauches drehen und die Nahtzugaben auseinanderbügeln. Mit einem Schlauchwender auf rechts drehen und nochmals bügeln. Die Naht soll nun in der Mitte der Rückseite liegen. Beide Längsseiten knappkantig absteppen. Den zweiten Henkel ebenso nähen. Die Henkel beiseitelegen.

20 Auf die linke Seite des Verschlussriegels aus Hauptstoff Bügeleinlage bügeln, dabei die Temperaturangaben des Herstellers beachten. Eine Schmalseite 6 mm nach links umbügeln. Den Riegel rechts auf rechts längs zur Hälfte falten und an der 11,5 cm langen Kante mit 6 mm Nahtzugabe zu einem Schlauch zusammennähen. Die Naht in die Mitte drehen und die Nahtzugaben auseinanderbügeln (wie in Schritt 19).

21 Eine Unterlegscheibe des Magnetverschlusses in 1,9 cm Abstand zur umgebügelten Schmalseite mittig auf die Naht legen. Die beiden seitlichen Schlitze der Scheibe auf dem Stoff anzeichnen, dabei dient die Scheibe als Schablone. Die Unterlegscheibe wegnehmen und nur die untere Stofflage des Verschlussriegels auf den Markierungen mit einem Nahttrenner oder einer spitzen Schere einschneiden.

22 Die Befestigungsklammern des Verschlussoberteils von der rechten Stoffseite (also von innen, weil der Schlauch noch auf links gedreht ist) durch die Einschnitte stecken. Die Unterlegscheibe auf der linken Stoffseite (zurzeit außen) auf die Klammern setzen und diese dann flach nach außen umbiegen (**Abb. 5** auf Seite 96). Falls nötig, können Sie dazu eine Flachzange verwenden.

23 Den Schlauch auf rechts wenden und bügeln. Die Naht bleibt in der Mitte der Unterseite. Den Verschlussriegel an drei Seiten knappkantig mit einem Reißverschlussfuß absteppen.

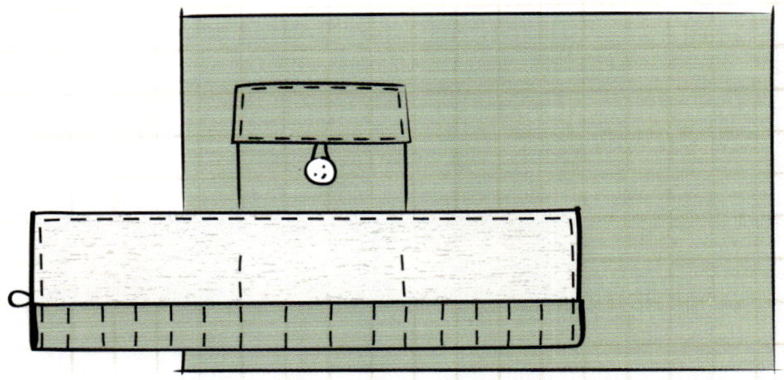

Abb. 6

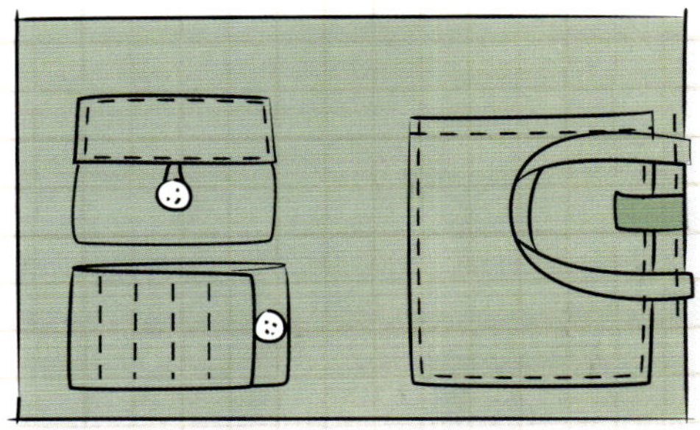

Abb. 7

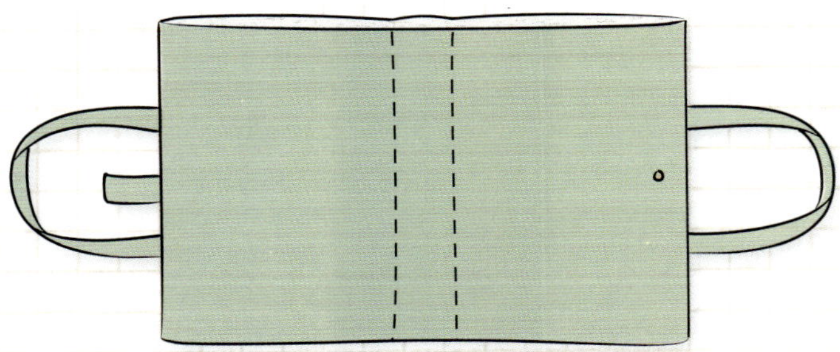

Abb. 8

= linke Stoffseite

CANSON
PRO LAYOUT
ARKER

Das Innere zusammensetzen

24 Nähgarn, das farblich zum Hauptstoff passt, in eine Nähnadel einfädeln. Die Stiftetasche in 11 cm Abstand zur Oberkante und 7,5 cm Abstand zur linken Seitenkante auf das innere Hauptteil legen und nur an der Oberkante der Rückseite feststecken. Diese Kante zuerst mit Blindstich (Seite 143) auf dem inneren Hauptteil festnähen. Danach die anderen drei Kanten auf dem Hauptteil festnähen – exakt auf der Verbindungsnaht zwischen Vorder- und Rückseite der Tasche. Die Rückseite liegt danach flach auf, die Vorderseite wölbt sich leicht. Den Nähfaden mit einigen kurzen Stichen sichern, auf der Rückseite des Hauptstoffes vernähen. In der Mitte der Taschenoberkante mit doppeltem Faden einige kurze Stiche durch alle Stofflagen nähen, den Faden wieder auf der Rückseite verknoten. Diese Stiche verhindern, dass die Stifte in der Tasche hin und her rutschen.

25 Die Oberkante der Klappe (die längere Kante ohne Gummischlaufe) 7 cm über der Oberkante der Stiftetasche anlegen und mittig ausrichten. Feststecken und mit Geradstich in der schon vorhandenen Nahtlinie auf den Hauptstoff steppen.

26 Die Tasche für die Kreiden in 3,8 cm Abstand zur Unterkante des Hauptstoffes anlegen. Die sechste und zehnte Stepplinie (von links) liegen unter den Kanten der oberen Stiftetasche. Die Tasche für die Kreiden im mittleren Bereich feststecken und von unten nach oben exakt auf der sechsten und zehnten Stepplinie auf den Hauptstoff steppen. Dabei nähen Sie 4,5 cm über die umgeschlagene Unterkante hinaus (**Abb. 6** auf Seite 98). Damit ist der doppelt liegende untere Teil dieser Tasche auf dem Hauptstoff fixiert.

27 Die Tasche für den Zeichenblock mit der rechten Stoffseite nach oben in 3,8 cm Abstand zur Unterkante und 2,5 cm Abstand zur rechten Kante auf die rechte Hälfte des Hauptstoffes legen. Der umgesteppte Saum zeigt nach oben. Beide Seiten und die Unterkante knappkantig auf den Hauptstoff steppen.

Die Mappe zusammennähen

28 Einen vorbereiteten Henkel 11,5 cm unter der Oberkante mit seiner Schmalseite an die rechte Seite des inneren Hauptteils stecken. Die Naht des Henkels zeigt zur rechten Stoffseite des Hauptteils. Das andere Ende 11,5 cm über der Unterkante feststecken, dabei den Henkel nicht verdrehen. Die Henkelenden in 1 cm Abstand zur Stoffkante festheften (**Abb. 7** auf Seite 98). Den anderen Henkel ebenso an der linken Seite des inneren Hauptteils festheften.

29 Den Verschlussriegel zwischen den Henkelenden auf der rechten Seite des Innenteils (die Seite mit der Zeichenblock-Tasche) feststecken. Der Verschluss zeigt nach unten (zum Hauptteil), die unversäuberte Kante liegt an der Stoffkante. Den Riegel 1 cm neben der Stoffkante festheften (**Abb. 7** auf Seite 98).

30 Ein 5 × 5 cm großes Quadrat aus mittelfester Bügeleinlage in 6,5 cm Abstand zur linken Seitenkante und in 19,3 cm Abstand zu Ober- und Unterkante auf die linke Stoffseite des äußeren Hauptteils bügeln. Auf der rechten Stoffseite der verstärkten Stelle das Gegenstück des Magnetverschlusses befestigen (siehe Schritt 21 und 22).

31 Nun inneres und äußeres Hauptteil rechts auf rechts aufeinanderlegen und alle unversäuberten Kanten ausrichten. Die Henkel und Verschlussriegel müssen zwischen den Stofflagen liegen. Seiten und Unterkante stecken und nähen. Die gesamte Oberkante bleibt zum Wenden offen. Die Nahtzugaben an den Ecken schräg abschneiden. Wenden und die äußere Naht flach bügeln. Die aufgesetzten Taschen nicht bügeln. Die gesamte Oberkante 1 cm breit nach links einschlagen und bügeln.

32 Mit Textilstift oder Schneiderkreide zwei gerade Linien im Abstand von 29 cm zu den Seitenkanten über die gesamte Höhe der Mappe zeichnen (**Abb. 8** auf Seite 98). Von unten nach oben auf diesen Linien steppen, dabei an der Oberkante die eingeschlagenen Nahtzugaben mitfassen (**Abb. 8**).

33 Dadurch sind zwei Taschen entstanden, in die Sie nun die beiden Acrylglasplatten schieben. Sie sollten genau passen. Die umgebügelte Saumzugabe des äußeren Hauptteils über die Acrylglasplatten ziehen, um diese zu verdecken. Die Oberkante von Hand mit überwendlichen Stichen (Seite 143) und farblich passendem Nähgarn zunähen.

Die Natur als Lehrerin

Für Kinder ist es enorm wichtig, Zeit im Freien zu verbringen, und die Natur lässt sich auch in einem winzigen Garten erkunden, wenn er dafür vorbereitet ist. Hier finden Sie einige Vorschläge, wie Sie die Entdeckungslust, das Umweltbewusstsein und das Naturverständnis Ihrer Kinder fördern können.

- Suchen Sie Pflanzen aus, die Vögel und Schmetterlinge in den Garten locken. Interessant sind auch duftende Kräuter, die man zum Kochen oder für Tees verwenden kann. Es gibt viele Bücher, in denen Sie sich informieren können. Stecken Sie zu den Pflanzen Schilder mit Namen und besonderen Eigenschaften der Pflanzen.

- Lassen Sie ein Stück Sperrholz oder einen größeren (aber handlichen) Stein auf dem Boden liegen. Schauen Sie ab und zu gemeinsam nach, ob Insekten eingezogen sind.

- Umranden Sie eine kleine Fläche mit dicken Stammhölzern, die Sie 12–15 cm tief in die Erde eingraben. Füllen Sie den Innenraum mit Spielsand.

- Suchen Sie eine Gartenecke aus, in der ein Stück Erde unbepflanzt bleiben kann, und halten Sie Schaufel und Spaten im Kinderformat bereit. Wenn es nach einem Regen richtig matschig wird, umso besser!

- Schlagen Sie Ihrem Kind vor, sich einen besonderen Sitzplatz zu suchen, wo es jeden Tag ein paar Minuten ruhig sitzt (oder suchen Sie sich selbst so einen Platz, um es vorzuführen). Es sollte ein fester Platz sein, nicht jeden Tag ein anderer. Wenn das Kind sich ruhig genug verhält, gewöhnen sich Vögel, Insekten und andere Tiere bald an seine Anwesenheit an diesem Platz, kommen näher und lassen sich gut beobachten.

»Um eine Beziehung zur Natur zu entwickeln, gibt es nur eine Grundregel: *Nimm alles wahr.*«

Evan McGown,
Pädagoge und Autor

Tasche
für Sachensucher

Junge Naturforscher brauchen eine ordentliche Ausrüstung: einen Sonnenhut, vielleicht ein Fernglas und eine Tasche, in der interessante Dinge gesammelt werden können. Diese Tasche ist besonders kinderfreundlich: Der Henkel ist verstellbar und sie kommt ohne Verschluss aus. Hängen Sie an die große Öse einige »Forscherkarten« und stecken Sie ein paar Puppen-Wäscheklammern in die aufgesetzte Tasche. Wenn das Kind etwas gefunden hat, das auf einer Karte abgebildet ist, kann es die Karte mit einer Klammer als »erledigt« kennzeichnen.

FERTIGE GRÖSSE 25,5 cm breit, 19 cm hoch, 5 cm tief (ohne Träger)

STOFFE + KURZWAREN

- 57 cm mittelschwerer bis schwerer Baumwollstoff, 120 cm breit (Hauptstoff, für Futter und Besätze, hier mit Kreisen und Marienkäfern)
- 57 cm mittelschwerer bis schwerer Baumwollstoff, 120 cm breit (Kontrastfarbe, für die Außenseite der Tasche, hier braun)
- Passendes Nähgarn
- Schnittmustervlies oder Schneiderkopierpapier
- 1 große Metallöse, 1 cm Durchmesser, mit Befestigungsmaterial (siehe Hinweise)
- 14 cm Klettband, 2 cm breit
- 7,5 cm farblich passendes Ripsband, 1,5 cm breit

WERKZEUG + ZUBEHÖR

- Schnittmuster aus der Tasche hinten im Buch
- Hammer zum Befestigen der Öse
- Rollschneider, Quiltlineal und Schneidematte (nach Belieben zum Zuschneiden)

Hinweise

- Sofern nichts anderes angegeben ist, beträgt die Nahtzugabe 1,3 cm.
- Alle Stoffe vor der Verarbeitung waschen, trocknen und bügeln.
- Metallösen werden in der Regel im Set mit Befestigungswerkzeug verkauft. Sie werden mit einem Hammer auf einer festen Unterlage eingeschlagen. Alternativ kann man sie für wenig Geld beim Schuster, Sattler oder Segelmacher anbringen lassen.

Zuschneiden

1 Die Schnittmusterteile mit allen Markierungen auf Schnittmustervlies oder Schneiderkopierpapier übertragen und ausschneiden.

2 Aus dem Hauptstoff:
* Zwei Taschen-Hauptteile (Vorder- und Rückseite). Den Stoff falten, um beide Teile in einem Arbeitsgang zuzuschneiden, dann den Stoff ausbreiten und die restlichen Stücke zuschneiden.
* Eine aufgesetzte Tasche
* Ein Zwischenstreifen, 68,5 × 7,5 cm
* Ein langer Henkel, 63 × 7,5 cm
* Ein verstellbarer Henkel, 32 × 7,5 cm
* Eine obere Klappe, 28 × 18 cm

3 Dieselben Teile auch aus dem kontrastfarbenen Stoff zuschneiden.

Die aufgesetzte Tasche

4 Beide Taschenteile an der geraden Kante 6 mm nach links umbügeln. Die Teile rechts auf rechts aufeinanderstecken und die gerundete Kante mit 6 mm Nahtzugabe zusammennähen. Die Nahtzugaben an der Rundung einschneiden (siehe Seite 145). Die Tasche wenden und bügeln. Die offene Seite in 3 mm Abstand zu den Bruchkanten zusteppen.

5 Die fertige Tasche mit der gemusterten Seite nach oben mittig und 5 cm unter der geraden Oberkante auf das kontrastfarbene Vorderteil stecken. Die gerundete Kante der Tasche knappkantig aufsteppen. Das Vorderteil vorerst beiseitelegen.

Klappe und Henkel vorbereiten

6 Die Klappenteile aus Hauptstoff und kontrastfarbenem Stoff rechts auf rechts aufeinanderstecken. Drei Seiten zusammennähen, eine Seite zum Wenden offen lassen. Die Nahtzugaben an den Ecken schräg abschneiden. Wenden und bügeln. Die zusammengenähten Kanten in 6 mm Abstand zur Stoffkante absteppen, dabei an den Ecken mit eingestochener Nadel wenden. Die Klappe beiseitelegen.

7 Das Ripsband in 1,5 cm Abstand zu einem Ende des langen Henkels aus Hauptstoff auf dessen rechte Stoffseite legen und in 6 mm Abstand zu den Längskanten festheften (**Abb. 1**). Beide Henkelteile (Hauptstoff und Kontrastfarbe) rechts auf rechts aufeinanderlegen und an drei Seiten zusammennähen. Die Schmalseite ohne Ripsband zum Wenden offen lassen. Achtung: Die Längsseite des Ripsbandes darf nicht in der Naht mitgefasst werden. Die Nahtzugaben an den Ecken schräg abschneiden. Den Henkel wenden und bügeln. Die Längsseiten in 6 mm Abstand zu den Kanten absteppen, dabei das Ripsband

aussparen. Es bildet eine Schlaufe, die durch die Stepplinie nicht schmaler werden darf.

Abb. 1

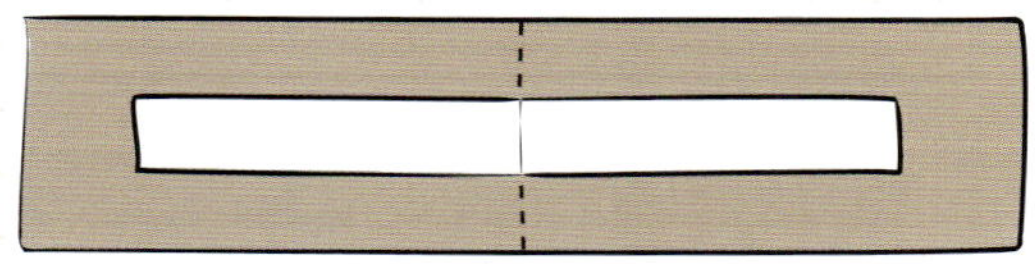

Abb. 2

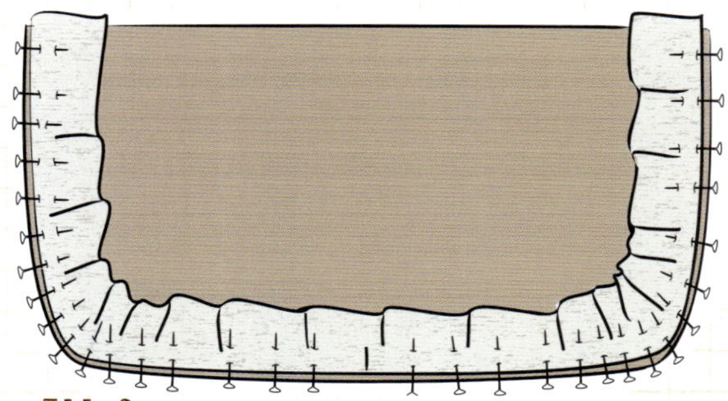

Abb. 3

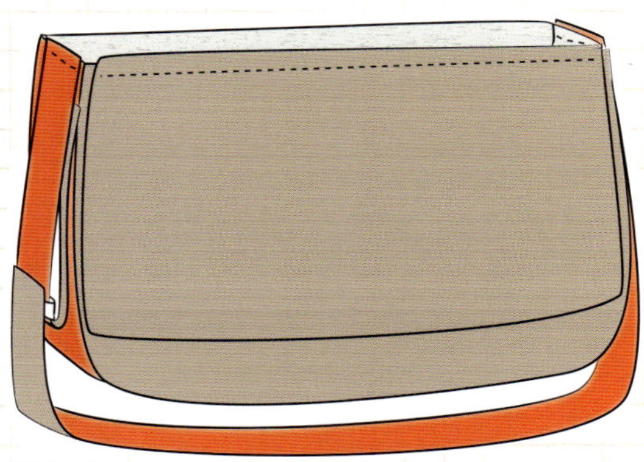

Abb. 4

= linke Stoffseite

8 Den verstellbaren Henkel quer zur Hälfte falten und die Mitte mit einem Kniff markieren. Wieder ausbreiten. Das Klettband trennen und die beiden Stücke nebeneinander mittig auf den Stoff legen (rechte Seite beider Klettbänder oben). Die Schmalseiten stoßen am Mittelkniff zusammen. Das Klettband ringsherum knappkantig aufsteppen (**Abb. 2**).

9 Beide Teile des verstellbaren Henkels (Hauptstoff und Kontrastfarbe) rechts auf rechts aufeinanderstecken. An drei Seiten zusammennähen, die Schmalseite beim härteren Klettband (Hakenseite) bleibt zum Wenden offen. Die Nahtzugaben an den Ecken schräg abschneiden. Den Henkel wenden und bügeln. Die drei zusammengenähten Seiten in 6 mm Abstand zu den Kanten absteppen.

10 Die Öse gemäß Herstelleranweisung mittig und in 2 cm Abstand zur genähten Schmalseite in den verstellbaren Henkel einschlagen.

11 Das Ösen-Ende des verstellbaren Henkels durch die Schlaufe am langen Henkel ziehen. Den verstellbaren Henkel umfalten und die Klettbänder zusammendrücken, mindestens 5 cm der Hakenseite frei lassen, damit die Öse bei den folgenden Schritten in sicherem Abstand zu den Nähten bleibt. Den Henkel beiseitelegen.

Den Zwischenstreifen einsetzen

12 Den Zwischenstreifen in der Kontrastfarbe quer zur Hälfte falten und die Mitte markieren. Am Mittelkniff beide Nahtzugaben anzeichnen. Den Zwischenstreifen in Kontrastfarbe rechts auf rechts an die gerundete Kante eines gemusterten Hauptteils stecken. Zuerst die Mittelmarkierungen von Tasche und Zwischenstreifen aufeinanderstecken, dann von dort zu den Oberkanten fortfahren (**Abb. 3**). An den Ecken viele Nadeln verwenden.

13 Beim Annähen des Zwischenstreifens an den Ecken verlangsamen und den Stoff glatt streichen, damit sich keine Fältchen in der Naht bilden.

14 Das zweite Hauptteil ebenso an die andere Seite des Zwischenstreifens nähen (Schritt 12 und 13), aber nun unten ein 10 cm langes Stück Naht zum Wenden offen lassen. Die Nahtzugaben an den Rundungen einschneiden. Die Nahtzugaben auseinanderbügeln. Dies ist das Taschenfutter.

15 Für die äußere Tasche Vorder- und Rückseite aus dem kontrastfarbenem Stoff an einen Zwischenstreifen aus gemustertem Stoff nähen (wie in Schritt 13 bis 14), jedoch ohne ein Stück Naht offen zu lassen. Die Tasche wenden.

Die Tasche zusammensetzen

16 Die Klappe an die unversäuberte Kante des äußeren Taschenteils ohne aufgesetzte Tasche stecken. Die Kanten exakt ausrichten. Die gemusterte Seite der Klappe zeigt zur rechten Stoffseite der äußeren Tasche.

17 Ein Ende des Henkels an die äußere Tasche stecken. Der Verschluss zeigt zur rechten Seite des Zwischenstreifens (links von der festgesteckten Klappe). Das andere Ende des Henkels an den Zwischenstreifen an der anderen Seite der äußeren Tasche stecken. Den Henkel nicht verdrehen. Die Henkelenden in 6 mm Abstand zu den Stoffkanten an die Tasche heften (**Abb. 4** auf Seite 105).

18 Die äußere Tasche (rechte Seite außen) ins Futter (linke Seite außen) schieben. Die Oberkanten und die Zwischenstreifen treffen genau aufeinander. Henkel und Klappe liegen zwischen Futter und äußerer Tasche. Die Oberkanten zusammenstecken und langsam und sorgfältig ringsherum zusammennähen.

19 Das Futter durch die Öffnung in der Bodennaht ziehen und die Tasche auf rechts wenden. Die Nahtzugaben an der Öffnung nach innen einschlagen und die Öffnung mit überwendlichen Stichen (Seite 143) zunähen. Den oberen Rand in 6 mm Abstand zur Kante absteppen.

Forscherkarten

Es gibt verschiedene Möglichkeiten, »Forscherkarten« vorzubereiten.

- Bilder aus Zeitschriften auf Pappe kleben und zuschneiden. (Sie können auch fertige Karteikärtchen oder Blanko-Visitenkarten verwenden.)
- Bilder, die Sie auf dem Computer gespeichert haben, direkt auf Pappe drucken und zuschneiden.
- Fotos auf Visitenkarten drucken (oder drucken lassen).

In jede Karte an einer Schmalseite ein Loch stanzen. Fädeln Sie dann etwa 20 Karten auf ein 10 cm langes Stück Bindfaden und knoten Sie die Enden zusammen. Das verknotete Ende durch die Öse im Henkel fädeln, dann die Karten zwischen den beiden Fäden durchziehen, um sie zu befestigen.

Ideen zum Bedrucken der Karten:

- Für Leseanfänger sind Karten mit Wörtern (ohne Bilder) eine Herausforderung.
- Geübtere Leser haben Spaß an Rätseln: *Ich habe keine Blüten und Samen. Ich bin grün und wachse wie ein Teppich oder Polster an feuchten, schattigen Plätzen. Was bin ich?* (Antwort: *Moos.*)
- »Ich sehe was, was du nicht siehst«-Karten mit Bildern oder Wörtern: Das Kind muss seine Fundstücke nicht mitbringen. Geben Sie ihm ein Fernglas und eine Lupe. Wenn es das Gesuchte entdeckt hat (vielleicht einen Marienkäfer oder eine Eiche), markiert es die entsprechende Karte mit einer Klammer.

Spielzelt
für Haus und Garten

Kinder lieben Plätze, an denen sie sich verstecken können. Sie erschaffen dort ihre eigene Welt mit eigenen Regeln, die Erwachsene nicht unbedingt verstehen müssen. Dieses Spielzelt hat genau die richtige Größe für zwei kleine Kinder (oder ein größeres). Im Sommer kann es einen Rückzugsort im Garten bieten, vielleicht unter einem Baum, denn durch das runde Fenster mit Klettverschluss können die kleinen Bewohner prima die Vögel beobachten. Und an Regentagen wird das Zelt einfach im trockenen Zimmer aufgestellt.

FERTIGE GRÖSSE Grundfläche ca. 89 × 89 cm, 137 cm hoch

STOFFE + KURZWAREN

- 3 m stabiler Baumwollköper (140 cm breit, Hauptstoff)
- 1,3 m Dekostoff, 140 cm breit (Kontrastfarbe, für die Tunnel und Einfassungen, hier gemustert)
- Passendes Nähgarn
- 15 cm Klettband, 2 cm breit
- Schnittmustervlies oder Schneiderkopierpapier (zum Herstellen des Schnittmusters, siehe Seite 110)
- 140 cm stabile Schnur zum Zusammenbinden der Zeltstangen
- Kreppklebeband

WERKZEUG + ZUBEHÖR

- Vorlage für das Fenster aus der Tasche hinten im Buch
- Zollstock (nach Belieben)
- Jeans-Nadel für die Nähmaschine (Stärke 110/18)
- 4 Bambusstangen, 2,5 cm Durchmesser, je 1,5 m lang (aus dem Gartencenter)
- Rollschneider, Quiltlineal und Schneidematte (nach Belieben zum Zuschneiden)
- Bohrmaschine und Bohrer (passende Größe für die Stärke Ihrer Schnur)

Hinweise

- Sofern nichts anderes angegeben ist, beträgt die Nahtzugabe 1,3 cm.
- Nach dem Zuschneiden alle Teile mit einem beschrifteten Stück Kreppklebeband kennzeichnen, damit sie später nicht verwechselt werden können.

Schnittmuster vorbereiten und zuschneiden

*Bitte orientieren Sie sich bei den folgenden Schritten an **Abb. 1**.*

1 Ein Stück Schneiderkopierpapier oder Schnittmustervlies von mindestens 120 × 100 cm zuschneiden. Falls nötig, mehrere Stücke zusammenkleben. Das Papier längs zur Hälfte falten. Wenn es doppelt liegt, ist es also mindestens 60 × 50 cm groß.

2 Nun 2,5 cm über der Unterkante rechtwinklig zum Bruch eine 47,5 cm lange Linie ziehen. Das Ende der Linie mit **A** beschriften.

3 Jetzt 112,5 cm über der ersten Linie eine 5,5 cm lange Linie rechtwinklig zum Bruch anzeichnen. Das Ende dieser Linie mit **B** beschriften.

4 Die Punkte **A** und **B** mit einem Zollstock oder einer geraden Latte verbinden. Das Schnittmuster ausschneiden, dabei beide Papierlagen durchschneiden, aber die Faltkante intakt lassen. Das Schnittmuster auseinanderfalten – es hat eine Trapezform – und mit Zeltbahn beschriften. Auf der Bruchlinie mit einem Zollstock oder einer geraden Latte einen Strich ziehen. Er verläuft rechtwinklig zu Ober- und Unterkante des Schnittmusters. Dies ist der Fadenlauf.

5 Mit einem langen Lineal 45 cm unter der Oberkante rechtwinklig zum Bruch eine Querlinie ziehen (**Abb. 1**, gestrichelte Linie) und als Schnittlinie für die Oberkante der Tür-Zeltbahn kennzeichnen, aber nicht das Schnittmuster durchschneiden.

6 Genau 2,5 cm über der soeben gezeichneten Linie eine zweite Linie ziehen (**Abb. 1**, gepunktete Linie). Dies ist die Schnittlinie für die Türklappe. Der Abstand zwischen den Linien entspricht der Nahtzugabe. Das Schnittmuster nicht durchschneiden.

7 Ein zweites Stück Papier oder Schnittmustervlies von mindestens 76 × 53,5 cm zuschneiden oder zusammenkleben. Das Zelt-Schnittmuster an der ursprünglichen Faltlinie wieder zur Hälfte falten. Den unteren Teil von der Unterkante bis zur Schnittlinie der Türklappe darauf übertragen. Auch die Bruchkante des großen Schnittmusters übertragen. Das Schnittmuster als Türklappe kennzeichnen. Den Fadenlauf parallel zur übertragenen Bruchlinie anzeichnen.

8 Nun ein Stück Papier oder Schnittmustervlies von mindestens 50 × 50 cm zuschneiden. Das Schnittmuster für die Zeltbahn auseinanderfalten, das neue Stück Papier darauflegen und den oberen Teil von der Oberkante der Tür-Zeltbahn bis zur kurzen Linie an der Spitze übertragen. Auch den Fadenlauf einzeichnen. Dieses Teil als Zeltbahn über der Tür kennzeichnen.

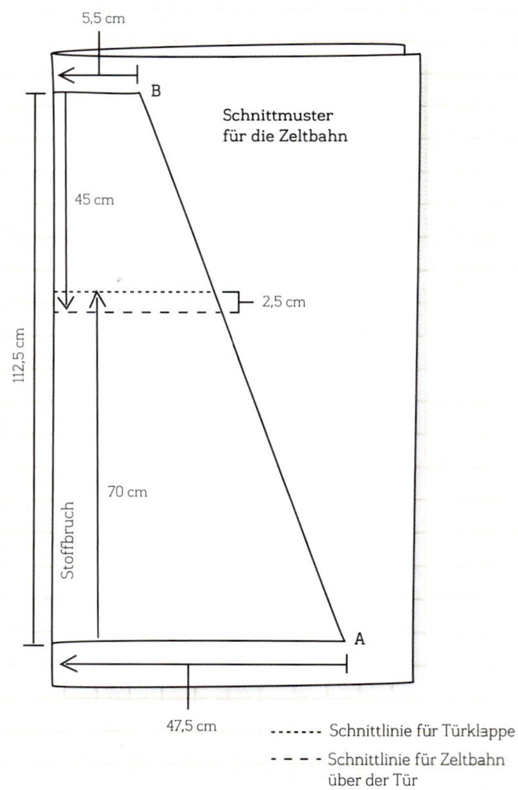

Abb. 1

9 Die Vorlage für das Fenster auf Papier oder Schnittmustervlies übertragen und ausschneiden.

10 Beim Zuschneiden der folgenden Teile wird der Hauptstoff teilweise doppelt gelegt. Orientieren Sie sich bitte am Schnittauflageplan auf Seite 155:

* Drei Zeltbahnen
* Zwei Türklappen (davon eine seitenverkehrt)
* Zwei Zeltbahnen über der Tür

11 Aus dem kontrastfarbenem Stoff (rechte Seite liegt oben):

* Vier Tunnel für die Zeltstangen, 122 × 7,5 cm
* Drei Schrägstreifen zum Einfassen, 76 × 7,5 cm (Tipps zum Zuschnitt und zum Zusammensetzen von Schrägstreifen finden Sie auf Seite 144.)
* Zwei Streifen zum Einfassen der Tür, 76 × 7,5 cm (im geraden Fadenlauf. Zur Vorbereitung bügeln, siehe Seite 144, Schritt 3 und 4.)
* Ein Fensterriegel, 7,5 × 9,5 cm

Abb. 2

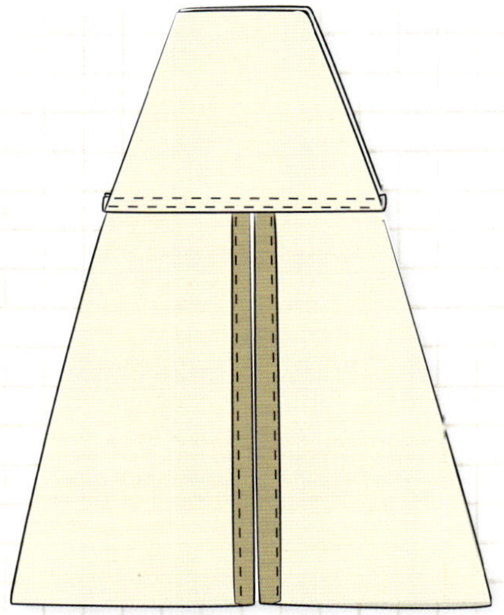

Abb. 3

Das Fenster nähen

12 Die Vorlage für das Fenster mittig 40 cm über der breiten Unterkante auf eine Zeltbahn legen. Den Umriss des Fensters anzeichnen. Mit einer spitzen Schere den Stoff genau auf der Linie einschneiden, dann das Fenster sauber ausschneiden und den ausgeschnittenen Kreis aufbewahren – er dient als Fensterladen.

13 Den ausgeschnittenen Stoffkreis mit Schrägstreifen einfassen, dabei die Schnittkante des Kreises bis an den Mittelbruch des Schrägstreifens schieben. Die breitere Seite des gebügelten Schrägstreifens liegt auf der linken Stoffseite des Kreises. Den Schrägstreifen knappkantig feststeppen, dabei auch seine innen liegende Kante mitfassen. Wenn noch etwa 7,5 cm des Kreises frei sind, den Schrägstreifen 9,5 cm lang abschneiden. Das Ende 1 cm nach links einschlagen, dann den Streifen so festnähen, dass das eingeschlagene Ende den unversäuberten Anfang verdeckt. Den Fensterladen bügeln und beiseitelegen.

14 Die runde Fensteröffnung ebenso einfassen, dabei in der oberen Mitte beginnen. Die fertige Einfassung bügeln.

15 Alle vier Kanten des Fensterriegels 1,3 cm nach links umbügeln. Die Zeltbahn mit dem Fenster auf einer Arbeitsfläche ausbreiten. Den Fensterladen einlegen. Bei beiden liegt die rechte Stoffseite oben. Den Fensterriegel (rechte Seite oben) so auflegen, dass er die Verbindungsnähte der Schrägstreifen verdeckt. Die Unterkante des Fensterriegels soll mit der inneren Kante des Schrägstreifens am Fensterladen abschließen. Achten Sie darauf, dass der Fensterladen ganz genau in der Öffnung sitzt. Dann den Fensterriegel feststecken und ringsherum knappkantig aufsteppen (**Abb. 2**).

16 Ein 5 cm langes Stück Klettband abschneiden und die Seiten (Haken- und Flauschseite) trennen. Die Flauschseite senkrecht 16,5 cm über der Fensteröffnung auf der linken Stoffseite der oberen Zeltbahn feststecken und ringsherum knappkantig aufsteppen. Die härtere Hakenseite des Klettbandes ebenso 6 mm über der Unterkante auf der linken Seite des Fensterladens festnähen. Die Zeltbahn mit dem Fenster vorerst beiseitelegen.

Die Zeltbahn mit der Tür

17 Die senkrechte (nicht die schräge!) Kante einer Türklappe mit der geraden Einfassung versehen, die in Schritt 11 vorbereitet wurde. Die Stoffkante der Türklappe bis in den Bruch der Einfassung schieben. Die breitere Seite der Einfassung liegt innen. Den Streifen feststecken und knappkantig durch alle Stofflagen festnähen. Kontrollieren Sie zwischendurch, ob auch die unten liegende Kante des Schrägstreifens in der Naht mitgefasst wird. Die überstehende Einfassung bündig mit Ober- und Unterkante des Zeltstoffes abschneiden. Die zweite Türklappe ebenso einfassen.

18 Die Türklappen rechts auf rechts auf eine Zeltbahn über der Tür legen. Die Oberkanten der Türklappen und die Unterkante der Zeltbahn aufeinander ausrichten. Die eingefassten Kanten treffen in der Mitte zusammen, ohne zu überlappen. Die Teile zusammenstecken. Die rechte Stoffseite der zweiten Zeltbahn über der Tür auf die linke Stoffseite der Türklappen legen, an der Kante der ersten Zeltbahn ausrichten und stecken. Dann die Naht durch alle Stofflagen steppen. Die Türklappen von den oberen Zeltbahnen weg bügeln. In 3 mm und 1 cm Abstand zur Naht durch alle Stofflagen absteppen (**Abb. 3**).

Das Zelt zusammennähen

Die Zeltbahnen werden links auf links zusammengenäht. Das mag Ihnen ungewohnt erscheinen, aber ich finde, das Zelt sollte innen ebenso sauber und ordentlich aussehen wie außen. Die Nahtzugaben, die auf der Außenseite liegen, werden später von den Tunneln für die Stangen verdeckt.

19 Die Zeltbahn mit Tür und eine schlichte Zeltbahn (ohne Fenster) links auf links an einer langen, schrägen Kante zusammenstecken, nähen und die Nahtzugaben auseinanderbügeln.

20 Die freie Kante der schlichten Zeltbahn an die Zeltbahn mit Fenster stecken, wieder nähen und bügeln (**Abb. 4**). Die zweite schlichte Zeltbahn an die Bahn mit dem Fenster nähen, dann wieder die Nahtzugaben auseinanderbügeln.

21 Die letzten beiden freien Kanten (Zeltbahn mit Tür/schlichte Zeltbahn) zusammennähen und bügeln.

22 Die Unterkante lässt sich besser säumen, wenn man die Ecken abrundet. Mithilfe einer Untertasse einen Bogen auf jeder unteren Ecke anzeichnen und den Stoff auf dieser Linie abschneiden (**Abb. 5**).

23 Die gesamte Unterkante 6 mm nach links umbügeln. Nochmals 1,3 cm nach links umbügeln und feststecken. Dabei die Stoffweite eventuell etwas einhalten. Den doppelten Saum knappkantig feststeppen.

24 Die Oberkante des Zelts mit dem restlichen Schrägstreifen einfassen. Gehen Sie dabei vor wie in Schritt 13.

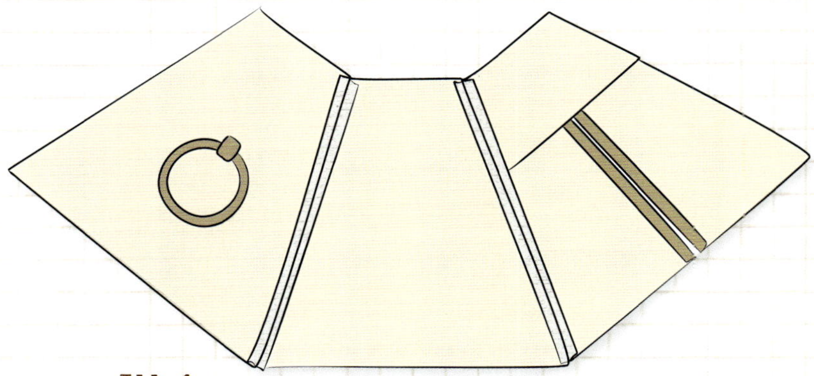

Abb. 4

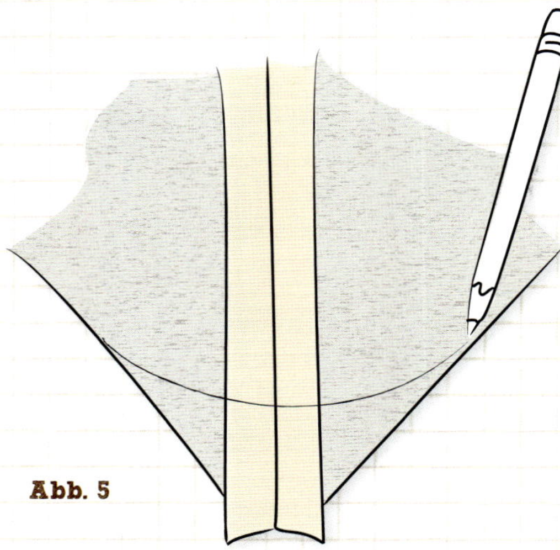

Abb. 5

= linke Stoffseite

Die Tunnel aufnähen

25 An einem der zugeschnittenen Stoffstreifen beide Schmalseiten nach links umbügeln und 1 cm neben der Bruchkante absteppen.

26 Beide Längsseiten 1 cm nach links umbügeln. Den Tunnel auf der Außenseite des Zelts mittig auf die auseinandergebügelten Nahtzugaben einer Naht stecken. Dabei von oben nach unten arbeiten, nicht die darunterliegende Zeltbahn mit feststecken. Die Nadeln rechtwinklig zu den umgebügelten Kanten des Tunnels stecken. Wenn der Tunnel zu lang ist, den unteren Saum auftrennen oder abschneiden, die Schmalseite erneut säumen und dann das Tunnelende auf dem Zelt feststecken.

27 Beide Längskanten des Tunnels von oben nach unten auf das Zelt steppen, aber die gesäumten Schmalseiten offen lassen.

28 Die anderen drei Tunnel ebenso aufsteppen (Schritt 25–27).

29 Das restliche Klettband in zwei Stücke schneiden und die Seiten trennen. Auf jede schlichte Zeltbahn in 46 cm Abstand zur Unterkante ein Stück Klettband (Hakenseite) direkt neben dem Tunnel der an die

Bahn mit der Tür grenzt, und parallel zu diesem aufnähen.

30 Die anderen Stücke Klettband (Flauschseite) parallel zum Tunnel in 30,5 cm Abstand zur Unterkante auf die Vorderkanten der Türklappen nähen. Diese Klettbänder dienen dazu, den Zelteingang offen zu halten.

Zeltstangen und Fertigstellung

31 Jede Bambusstange 19 cm unter dem dünneren Ende durchbohren. Dies ist das obere Ende. Die Bohrerstärke so wählen, dass die Schnur gut durch das Loch passt.

32 In jeden Tunnel eine Bambusstange einschieben, das durchbohrte dünne Ende nach oben. Die Schnur durch die Löcher ziehen und die Stangen so anordnen, dass sie sich nach unten leicht spreizen lassen. Die Schnur verknoten, aber genug Spielraum lassen, dass sich die Bambusstangen beim Aufstellen und Abbauen des Zeltes bewegen können. Die Schnur sorgfältig verknoten und die Enden abschneiden.

KAPITEL FÜNF

Gute Nacht, schlaf gut

Für Kinder ist das Leben viel zu spannend, um es zu verschlafen. Jeden Tag gibt es aufregende Dinge zu erleben und zu lernen, und das Wort »Schlafenszeit« mögen viele Kinder gar nicht hören. Wir Großen wissen natürlich, dass auch ausreichend Schlaf für Wachstum und Entwicklung nötig sind. Bei Schlafmangel ist der folgende Tag für Kinder umso anstrengender, außerdem sind sie anfälliger für Krankheiten und können neue Lernerfahrungen nicht so gut integrieren.

Ein regelmäßiger Tagesrhythmus, zu dem auch eine entspannende Abendroutine gehört, macht das Schlafengehen für alle Familienmitglieder einfacher. Bei uns zu Hause fängt die Vorbereitung auf die Nacht schon am Morgen an. Im Kinderzimmer hängt ein Stoffbeutel, den wir »Gute-Nacht-Beutel« nennen. Der Beutel wird schon morgens gepackt. Er enthält einen gemütlichen Schlafanzug, genäht nach den Schnittmustern für das bequeme Shirt (Seite 24) und die Pyjamahose (Seite 118). Wir legen die Kuschelpuppe dazu (Seite 128) und ich bitte meinen Sohn, ein Buch für den Abend auszusuchen und einzupacken. Für ein kleineres Kind könnten Sie zum Beispiel den Babyschlafsack (Seite 122) einpacken und andere Dinge dazulegen, die Sie gern zur Hand haben möchten, wenn Sie das Kind ins Bett bringen. Der Abend verläuft viel ruhiger, wenn der Gute-Nacht-Beutel fertig gepackt auf die Schlafenszeit wartet.

Pyjama-hose (auch tagsüber schön)

Nichts ist schöner, als mit einem warmen, selbst genähten Schlafanzug ins Bett zu krabbeln. Kinder finden Schlafanzüge wunderbar gemütlich – vor allem, wenn sie aus einem kuschelweichen Stoff genäht sind. Jersey aus biologisch angebauter oder schadstoffgeprüfter Baumwolle ist auch als Meterware erhältlich. Nähen Sie doch gleich mehrere Hosen in verschiedenen Farben – und zu jeder Hose ein bequemes Shirt (Seite 24), das sich leicht über den Kopf ziehen lässt.

FERTIGE GRÖSSE 2 Jahre (3 Jahre, 4 Jahre, 5 Jahre), Seitenlänge 48,5 (53,5, 59, 65) cm. Nähere Informationen zu den Größenangaben finden Sie auf Seite 145.

STOFFE + KURZWAREN

- 70 (70, 80, 80) cm Jersey aus 90 % Baumwolle und 10 % Elastan, 155 cm breit
- Farblich passendes Nähgarn (Polyester oder Fasermischung)
- Schnittmustervlies oder Schneiderkopierpapier
- 43 (46, 49, 51) cm querstabiles Gummiband, 2,5 cm breit

WERKZEUG + ZUBEHÖR

- Schnittmuster aus der Tasche hinten im Buch
- Nähmaschinennadel für Jersey
- Stecknadeln für Jersey

Hinweise

- Soweit nichts anderes angegeben ist, beträgt die Nahtzugabe 6 mm.
- Alle Stoffe vor der Verarbeitung waschen, trocknen und bügeln. Maschenware beim Bügeln und Zuschneiden nicht dehnen.
- Praktische Hinweise zur Verarbeitung von Maschenware finden Sie ab Seite 140.
- Maschenware immer mit Nähmaschinennadeln für Jersey oder Stretch nähen.
- Wenn rechte und linke Stoffseite gleich aussehen, definieren Sie eine als rechte Seite und markieren sie mit Schneiderkreide oder einem auswaschbaren Textilstift.

Zuschneiden

1 Das Schnittmuster mit allen Markierungen auf Schnittmustervlies oder Schneiderkopierpapier übertragen. Den Stoff rechts auf rechts zur Hälfte falten (siehe Schnittauflageplan auf Seite 156). Beide Hosenbeine werden in einem Arbeitsgang zugeschnitten.

Die Hose nähen

2 Ein Hosenbein rechts auf rechts längs zur Hälfte falten, dabei die Kanten am inneren Bein aufeinander ausrichten. Mit Overlock- oder Elastikstich zusammennähen. Die Nahtzugaben zu einer Seite bügeln. Das andere Bein ebenso zusammennähen. Die Nahtzugaben zur anderen Seite bügeln, damit beim Zusammennähen der Beine keine zu dicke Stelle entsteht.

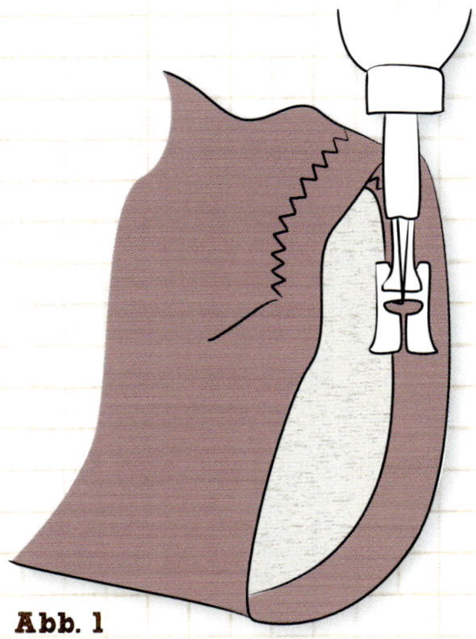

Abb. 1

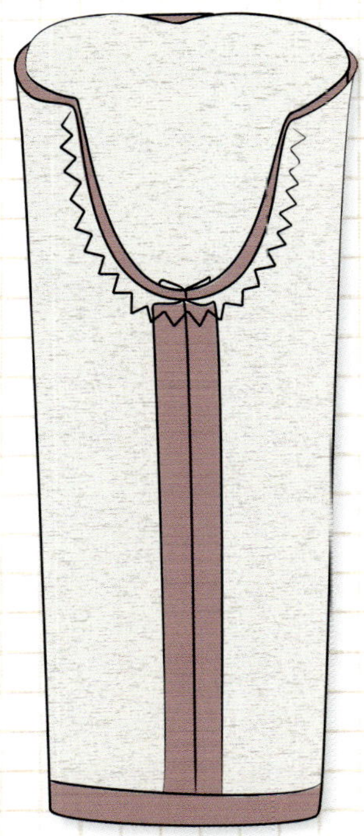

Abb. 2

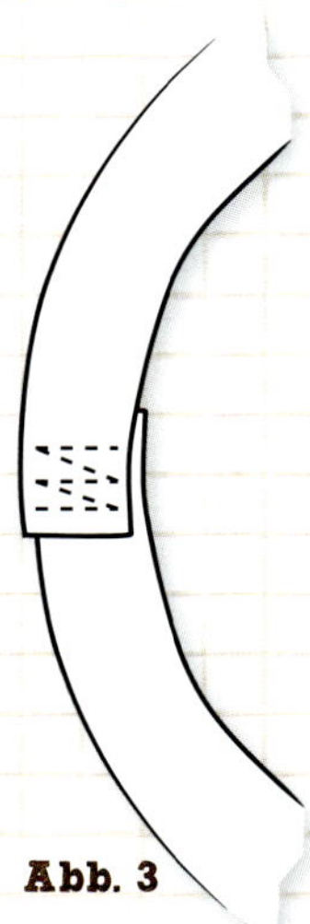

Abb. 3

= linke Stoffseite

3 Die Hosenbeine auf rechts drehen. Die Unterkanten 2,5 cm nach links umbügeln und mit Elastikstich oder breitem Zickzackstich 1,9 cm neben der Bruchkante feststeppen. Sie können auch einen Elastik-Saumstich verwenden, der die Schnittkante ganz abdeckt. Sie arbeiten mit dem Nähfuß im Hosenbein und nähen parallel zur Schnittkante des Stoffes (**Abb. 1**).

4 Ein Bein auf links drehen und über das andere ziehen. Die rechten Stoffseiten zeigen also zueinander. Die Beininnennähte und Markierungen ausrichten, dann die Schrittnaht stecken. Die Naht mit Elastik- oder Overlock-Stich nähen (**Abb. 2**). Die Hose auf rechts wenden und die Schrittnaht zu einer Seite bügeln.

Tunnel und Gummiband

5 Die Länge des Gummibandes an der Taille des Kindes ausmessen. Es soll bequem sitzen. Weil das Gummi bei dieser Befestigungstechnik etwas gedehnt wird, müssen Sie es eventuell etwas kürzer zuschneiden, dehnen und wieder locker lassen, bevor Sie es dem Kind zur Probe um die Taille legen. Die Enden des Gummibandes aufeinanderlegen und mehrmals darauf hin und her nähen (**Abb. 3**). Dabei das Gummiband nicht verdrehen.

6 Die Taillenkante der Hose 3 cm nach links umbügeln.

7 Das zusammengenähte Gummiband auf der linken Stoffseite um die Taillenkante legen, die Nahtstelle liegt hinten. Die unversäuberte Stoffkante auf der Unterkante des Gummibandes ausrichten. Bei Bedarf die Breite des Einschlags anpassen. An den Seiten und den Nähten zusammenstecken. Der Umfang des Gummibandes ist etwas kleiner als der Umfang der Hose und die Weite des Hosenrandes muss gleichmäßig verteilt werden.

:: Tipps

- Mädchen können die Pyjamahose auch tagsüber als Leggings tragen. Nähen Sie doch ein Modell mit verschiedenfarbigen Beinen. Das sieht unter Kleidern und Röcken witzig aus.
- Sie können die Hose auch als Shorts oder Caprihose nähen. Dafür einfach zur gewünschten Beinlänge 2,5 cm für den unteren Saum zugeben.
- Nähen Sie in der hinteren Mitte eine kleine Bandschlaufe ein. Dann können Kinder leichter unterscheiden, wo vorn und hinten ist.

8 Mit Zickzack- oder Elastikstich (ca. 6 mm breit) an der Unterkante des Bündchens durch das Gummiband nähen und dabei die unversäuberte Kante mitfassen. Wenn Ihre Maschine einen speziellen Elastik-Zickzackstich zum Annähen von Gummibändern hat, sollten Sie ihn einstellen. Beim Nähen das Gummiband etwas dehnen, sodass es glatt zwischen den Nadeln liegt. Das gelingt am besten, wenn Sie das Gummiband beim Nähen vor und hinter dem Nähfuß festhalten. Nicht zu stark dehnen, sonst werden die Stiche ungleichmäßig. Der Vorteil dieser Methode ist, dass sich das festgenähte Gummiband nicht verdrehen und drücken kann.

Zur Ruhe kommen

In unserer Familie haben wir einige Abendrituale entwickelt, die sich gut bewährt haben:

- Nach dem Abendessen machen wir Musik. Mein Mann und ich spielen Gitarre und unser Sohn Finn springt herum, singt, klatscht, trommelt oder schüttelt ein Schlaginstrument. Wir singen ein paar Lieder, um den letzten Dampf des Tages abzulassen. Danach kann Ruhe einkehren.
- Nach der Familienmusik geht Finn in die Wanne. Dazu legen wir ruhige, klassische Musik auf. Finn freut sich immer sehr auf das Bad, weil er dann seinen Papa ganz für sich hat. Die beiden erfinden gern zusammen Lieder über das Wasser oder das Baden.
- Nach dem Bad kommt unser Zähneputzlied an die Reihe, dann zieht Finn den Schlafanzug an und kuschelt sich ins Bett.
- Manche Kinder mögen es lieber, wenn Mama oder Papa eine Geschichte erzählt, statt etwas vorzulesen. Beim Erzählen kann man das Kind anschauen. Dabei wird eine direktere Beziehung herstellt. Und natürlich wächst auch der Geschichtenfundus der Familie.
- Zünden Sie gemeinsam eine Kerze an. Genießen Sie einen Moment der Stille oder sprechen Sie einen kurzen Vers. Dann darf das Kind die Kerze ausblasen. Damit fängt die Nacht »offiziell« an.

Baby-schlafsack

Der Schlafsack als Variante des Shirts mit Kuvert-Ausschnitt (Seite 8) ist ideal für kleinere Kinder. Der Ausschnitt lässt sich leicht über den Kopf ziehen. Der Gummizug im Saum hält kleine Strampelbeine warm und macht außerdem den Windelwechsel leicht. Wer mag sich schon mitten in der Nacht mit komplizierten Druckknöpfen oder Verschlüssen abmühen? So ein Schlafsack ist in den ersten zwölf Lebensmonaten unentbehrlich und er kommt auch als Geschenk für frisch gebackene Eltern garantiert gut an.

FERTIGE GRÖSSE 0–6 Monate (6–12 Monate). Länge in der hinteren Mitte 49,5 (54,5) cm. Weitere Informationen zu den Größenangaben finden Sie in der Tabelle auf Seite 145. Das abgebildete Modell passt Kindern von 0–6 Monaten.

STOFFE + KURZWAREN

- 70 (80) cm Baumwoll-Interlockjersey, 150 cm breit (Hauptstoff)
- 12 cm dünner Baumwoll-Feinripp, 115–150 cm breit (Kontrastfarbe)
- Passendes Nähgarn
- 40 cm Gummiband, 1,3 cm breit

WERKZEUG + ZUBEHÖR

- Schnittmuster aus der Tasche hinten im Buch
- Schnittmustervlies oder Schneiderkopierpapier
- Nähmaschinennadel für Jersey
- Stecknadeln für Jersey
- Rollschneider, Quiltlineal und Schneidematte (nach Belieben zum Zuschneiden)
- Sicherheitsnadel

Hinweise

- Sofern nichts anderes angegeben ist, beträgt die Nahtzugabe 6 mm.
- Alle Stoffe vor der Verarbeitung waschen, trocknen und bügeln. Maschenware darf beim Bügeln und Zuschneiden nicht gedehnt werden.
- Praktische Hinweise zur Verarbeitung von Maschenware finden Sie ab Seite 140.
- Elastische Stoffe immer mit Nähmaschinennadeln für Jersey oder Stretch nähen.

Abb. 1

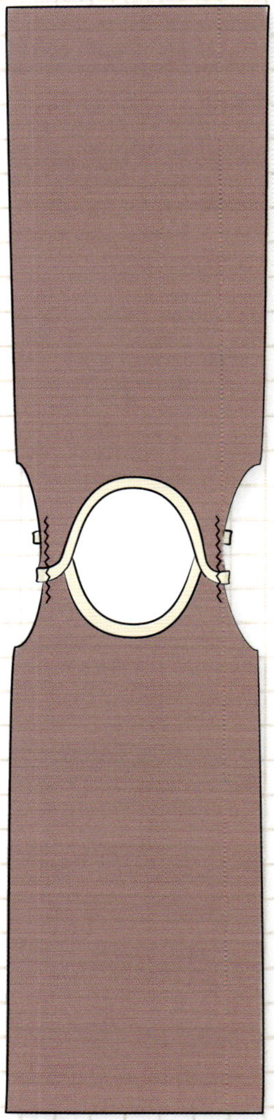

Abb. 2

Zuschneiden

1 Das Schnittmuster mit allen Markierungen auf Schnittmustervlies oder Schneiderkopierpapier übertragen und ausschneiden. Orientieren Sie sich beim Zuschnitt am Schnittauflageplan auf Seite 157.

2 Aus dem Hauptstoff:
* Ein Vorderteil im Stoffbruch
* Ein Rückenteil im Stoffbruch
* Zwei Ärmel (seitenverkehrt).

Wenn Sie kurze Ärmel bevorzugen, verwenden Sie das Schnittmuster für das Kuvert-Shirt.

3 Aus dem Stoff in Kontrastfarbe:
* Eine vordere Einfassung
* Eine hintere Einfassung

Die Einfassungen ansetzen

4 Mit einem Elastikstich oder schmalen Zickzackstich und 6 mm Nahtzugabe eine Längsseite der vorderen Einfassung an die rechte Seite der vorderen Ausschnittkante nähen. Die Einfassung beim Nähen behutsam dehnen. Wenn die Einfassung am Anfang und Ende etwas übersteht, kann sie bündig abgeschnitten werden (**Abb. 1**). Den Ausschnitt am Rückenteil ebenso einfassen.

5 Die vordere Einfassung und die Nahtzugaben vom Vorderteil weg dämpfen, dabei die Einfassung etwas in Form ziehen. Die unversäuberte Kante der Einfassung nach links über die Nahtzugabe umfalten und bügeln. Die unversäuberte Kante der Einfassung soll auf der linken Seite des Vorderteils die Ansatznaht knapp verdecken. Feststecken. Am Rückenteil ebenso verfahren.

6 Auf der rechten Seite des Vorderteils mit Zickzackstich knapp über der Ansatznaht entlang der Unterkante der Einfassung nähen. Dabei wird die unversäuberte Kante auf der Innenseite mitgefasst. Der Jersey neigt nicht zum Aufribbeln und die unversäubert festgenähte Kante liegt schön flach, ohne zu drücken. Die Einfassung am Rückenteil ebenso festnähen.

Schultern und Säume

7 Vorderteil und Rücken an den Schultern aufeinanderlegen. Das Rückenteil liegt oben, die Markierungen liegen aufeinander, die Armausschnittkanten bilden eine durchgehende Linie. Die Einfassungen etwas schräg ziehen, damit ihre gesamten Schnittkanten in den Nähten mitgefasst werden. Die überlappenden Bereiche zusammenstecken und in 3 mm Abstand zu den Kanten mit Zickzackstichen zusammenheften (**Abb. 2**).

8 Wenn Sie eine Overlock-Maschine haben, versäubern Sie die unteren Kanten von Vorderteil, Rücken und Ärmeln. Ansonsten bleiben die Kanten unversäubert.

9 Die unteren Ärmelkanten 2 cm nach links umbügeln. Nach Belieben stecken – ich nähe quer zur Dehnungsrichtung verlaufende Säume lieber ohne Stecknadeln.

10 Mit einem Zickzack- oder Elastikstich den Saum 1,5 cm neben der Bruchkante feststeppen.

Ärmel einsetzen und Seitennähte schließen

11 Die Markierung am Ärmel an den Schultermarkierungen ausrichten. Den Ärmel rechts auf rechts in den Armausschnitt stecken und einnähen (**Abb. 3** auf Seite 126). Das ist einfacher, wenn der Ärmel unten liegt. Den anderen Ärmel ebenso einsetzen.

12 Den Schlafsack rechts auf rechts legen. Die Unterarm- und Seitennähte stecken und in einem Zug vom Ärmelsaum zur Unterkante nähen (**Abb. 4** auf Seite 126). Die andere

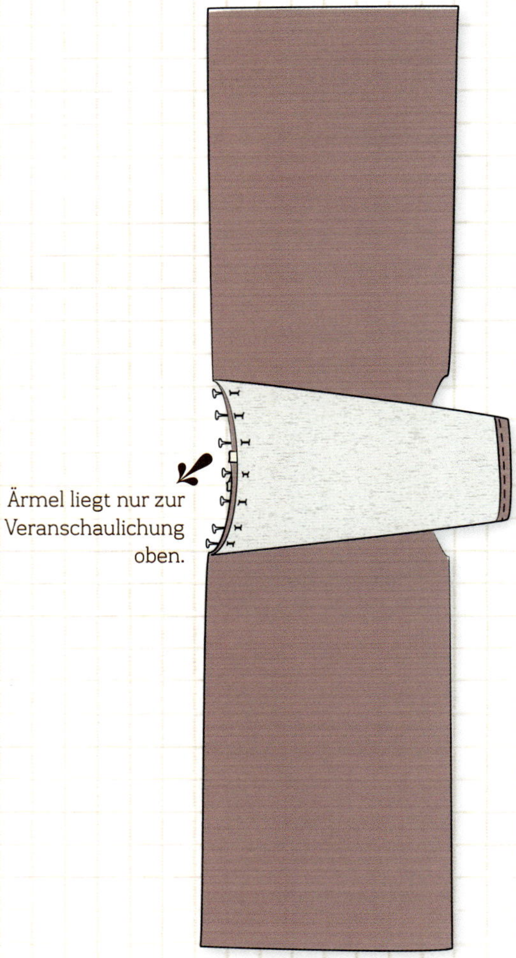

Abb. 3

Abb. 4

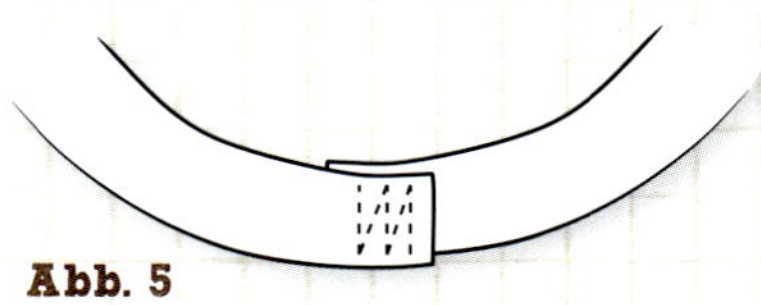

Abb. 5

= linke Stoffseite

Unterarm- und Seitennaht ebenso schließen. Die Nahtzugaben auseinanderbügeln, wenn sie nicht versäubert wurden.

13 Die Unterkante des Schlafsacks 2,5 cm nach links umbügeln und nach Belieben stecken. Dicht neben der Schnittkante mit einem Zickzack- oder Elastikstich feststeppen, aber eine 5 cm lange Öffnung zum Einziehen des Gummibandes lassen.

14 Eine Sicherheitsnadel an einem Ende des 1,5 cm breiten Gummibandes befestigen und in die Nahtöffnung schieben. Das andere Ende des Gummibandes in der Nähe der Öffnung am Schlafsack feststecken, damit es nicht in den Tunnel rutscht. Das Gummiband mit der Sicherheitsnadel durch den ganzen Tunnel fädeln. Die Sicherheitsnadel abnehmen, die Gummibandenden aufeinanderlegen und mehrmals darauf hin und her nähen. Die Nahtstelle in den Tunnel schieben und die Kräuselung gleichmäßig verteilen. Dann die Öffnung in der Saumnaht mit Zickzack- oder Elastikstich zunähen.

Handpuppe
Katze

Eine schmuseweiche Katzen-Handpuppe ist ein schöner Bettgefährte für Kinder. Als ich klein war, standen mir zwei Hasen nachts und beim Mittagsschlaf, beim Spielen und bei allen Wehwehchen bei. Jetzt sind sie so abgeliebt, dass man sie nicht mehr reparieren kann. Also habe ich für meinen Sohn eine neue Kuschelpuppe erfunden und eine Menge Mamaliebe dabei eingenäht. Kleine Hände erwecken diese Puppe zum Leben.

FERTIGE GRÖSSE 37 × 24 cm.

STOFFE + KURZWAREN

Alle Stoffe sollten mindestens 140 cm breit liegen.

- 35 cm Baumwollfleece (Hauptstoff, hier Fleece aus Baumwolle und Hanf)
- 46 cm Charmeuse für Einfassungen, Ohren und Wangen (Kontrastfarbe 1, hier Mischgewebe aus Seide und Hanf in Dunkelbraun)
- 35 cm Charmeuse für den äußeren Körper (Kontrastfarbe 2, hier Mischgewebe aus Seide und Hanf in hellem Beige)
- Kleine Wollfilzreste für Augen und Nase (hier grün und rosa)
- Baumwollsticktwist in den Farben des Wollfilzes
- Etwas Füllmaterial (vorzugsweise reine Wolle) für die Pfoten
- Nähgarn, passend zu Hauptstoff und Kontrastfarbe 1
- Schnittmustervlies oder Schneiderkopierpapier

WERKZEUG + ZUBEHÖR

- Schnittmuster und Vorlagen aus der Tasche hinten im Buch
- Nadel zum Nähen von Hand
- Rollschneider, Quiltlineal und Schneidematte (nach Belieben zum Zuschneiden)
- Stecknadeln für Seide

Hinweise

- Sofern nichts anderes angegeben ist, beträgt die Nahtzugabe 6 mm.
- Verwenden Sie als rechte Stoffseite die glänzende Seite des Charmeuse und die flauschige Seite des Fleece.
- Die Puppe von Hand waschen, um den Stoff zu schonen. Das kann das Kind selbst erledigen – in warmem Wasser mit milder Handwaschseife. Zum Trocknen liegt die Katze gern auf einer Decke in der Sonne – im Schatten bleichen die Farben allerdings weniger schnell aus.

Zuschneiden und Schrägstreifen nähen

1 Das Schnittmuster und die Vorlagen für Auge und Nase mit allen Markierungen auf Schnittmustervlies oder Schneiderkopierpapier übertragen und ausschneiden.

2 Den Hauptstoff zum Zuschneiden der folgenden Teile der Länge nach rechts auf rechts zur Hälfte falten:
* Ein Körper im Stoffbruch
* Zwei Köpfe
* Zwei Arme (seitenverkehrt)
* Zwei Ohren
* Vier Pfoten

3 Aus dem Stoff in Kontrastfarbe 1:
* Drei Schrägstreifen 10,5 × 46 cm (siehe Seite 144)
* Zwei Ohren
* Zwei Wangen

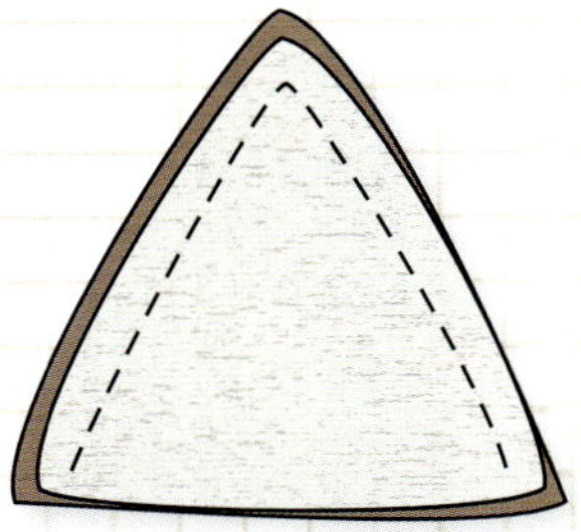

Abb. 1

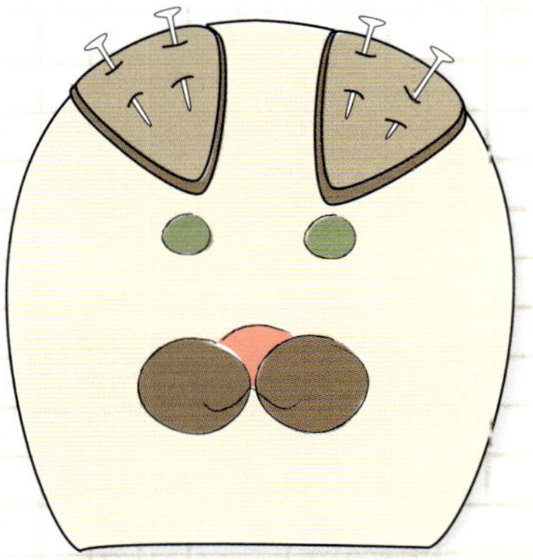

Abb. 2

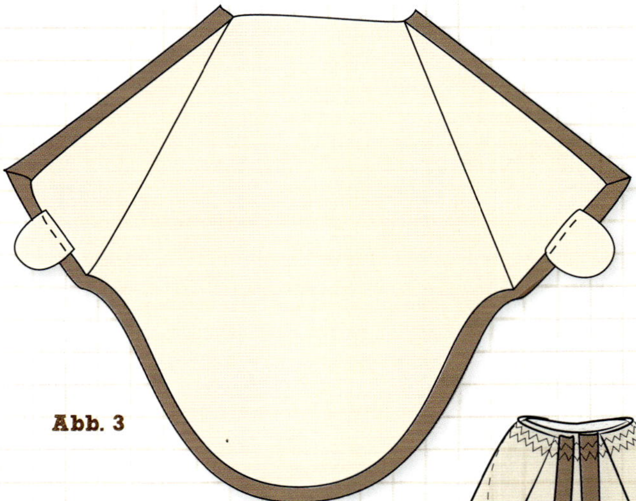

Abb. 3

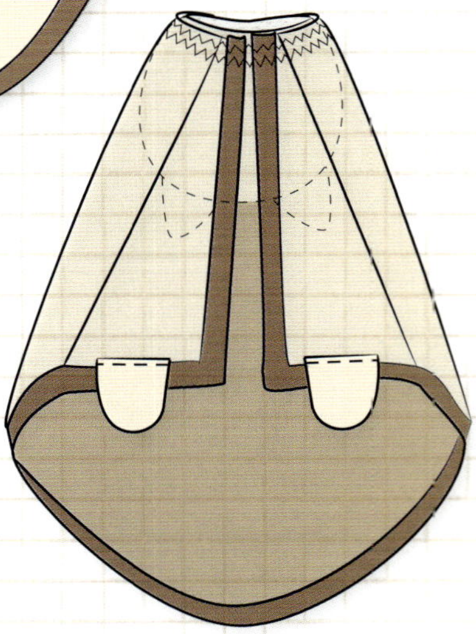

= linke Stoffseite

Abb. 4

4 Den Stoff in Kontrastfarbe 2 zum Zuschnitt der folgenden Teile der Länge nach rechts auf rechts zur Hälfte falten:

* Ein Körper im Stoffbruch
* Zwei Arme (seitenverkehrt)

5 Mithilfe der Vorlagen zwei Augen und eine Nase aus Wollfilz zuschneiden. Ich verwende für solche kleinen Teile gern eine kleine, scharfe Handarbeitsschere.

Den Kopf nähen

6 Augen, Nase und Wangen auf die rechte (flauschige) Seite des Kopfes legen. Wenn Ihnen die Anordnung gefällt, zeichnen Sie die Positionen mit Punkten unter den Teilen mit einem Textilstift auf dem Fleece an. Sie können sich auch am Foto rechts orientieren. Die kleine Nase sieht am besten aus, wenn ihre Spitze zwischen den beiden Wangen sitzt. Die Wangen feststecken.

7 Die Wangen mit einem kleinen Zickzackstich (1,4 mm lang und 1,6 mm breit) applizieren. Die Stiche sollen über die unversäuberte Kante der Wangen greifen.

8 Mit dreifädigem Sticktwist in passenden Farben Nase und Augen von Hand mit überwendlichen Stichen (Seite 143) aufnähen. Die Knoten zwischen Filz und Fleece verstecken, dann mit der Nadel von der Rückseite des Filzes nach oben stechen und mit überwendlichen Stichen fortfahren. Am Ende den Faden auf der Rückseite des Fleece verknoten und das Ende zwischen die Stofflagen ziehen.

9 Mit Schneiderkreide oder einem Textilstift das Maul zwischen und auf den Wangen vorzeichnen. Sie können sich dabei am Foto orientieren. Danach das Maul mit dreifädigem Sticktwist im Rückstich (Seite 143) aufsticken.

10 Zwei Ohren (einmal aus Hauptstoff, einmal in Kontrastfarbe 1) rechts auf rechts aufeinanderlegen, stecken und nähen. Die gerade Unterkante bleibt offen (**Abb. 1**). Das zweite Ohr ebenso nähen. Die Nahtzugaben an den Ecken schräg abschneiden und an den Rundungen einschneiden (Seite 145), aber dabei nicht die Naht beschädigen. Die Ohren auf rechts wenden, die Spitzen herausdrücken und flach bügeln. Falls Sie Seide verwenden, das Eisen nicht zu heiß einstellen. Die offenen Kanten mit langem Geradstich mit der Nähmaschine 3 mm neben der Stoffkante zusammenheften.

11 Die Ohren zwischen die Markierungen am verzierten Kopf legen, die Charmeuse-Seite des Ohrs zeigt zum Kopf. Feststecken (**Abb. 2**). Den zweiten Kopf mit der rechten Seite nach unten darauflegen und die gesamte gerundete Kante stecken. Mit einem schmalen Zickzackstich (1 mm lang , 1,4–1,6 mm breit) zusammennähen. Die gerade Kante am Hals bleibt offen. Die Nahtzugabe an den Rundungen einschneiden, den Kopf wenden und die Ohren aufrichten. Die Nähte flach bügeln und den Kopf vorerst beiseitelegen.

Fertigstellung

12 Die Arme aus Hauptstoff rechts auf rechts an den Körper stecken, dabei Halskanten und seitliche Rundungen exakt ausrichten. Mit einem schmalen Zickzackstich zusammennähen. Die Nahtzugabe

an den Rundungen einschneiden. Anschließend die Nahtzugaben auseinanderbügeln.

13 Die Arme in Kontrastfarbe 2 an den Körper in Kontrastfarbe 2 setzen (Schritt 12), jedoch diesmal mit Geradstich festnähen. Die Nahtzugaben auseinanderbügeln. Die beiden zusammengesetzten Körper/Arme links auf links aufeinanderlegen, alle Kanten bündig ausrichten und stecken.

14 Die Schrägstreifen in Kontrastfarbe 1 zu einem langen Streifen von mindestens 120 cm zusammennähen. Die Längsseiten zur Mitte bügeln (siehe Seite 144).

15 Den Schrägstreifen um den ganzen Körper stecken, nur die Halskante wird nicht eingefasst. Die Kante des Körpers bis an den Mittelbruch des Schrägstreifens schieben. Die Charmeuse-Seite des Körpers liegt oben.

16 Nun 3 mm neben der inneren Bruchkante des Schrägstreifens durch alle Stofflagen steppen, um ihn zu befestigen. Kontrollieren Sie zwischendurch, ob auch die Kante mitgefasst wird, die auf der Unterseite des Körpers liegt. Auf Seite 144 können Sie nachlesen, wie der Schrägstreifen um Ecken gelegt wird. Die überstehenden Enden des Schrägstreifens bündig mit der Stoffkante des Körpers abschneiden.

:: Tipp

Stöbern Sie auf dem Restetisch! Dort bekommt man oft kleine Mengen edler Stoffe zu reduzierten Preisen. Und für die Katze und andere kleine Projekte brauchen Sie ja nicht viel Material.

17 Zwei Pfoten rechts auf rechts aufeinanderstecken. Die gerundete Kante mit schmalem Zickzackstich steppen, die gerade Kante zum Wenden offen lassen. Die Nahtzugaben an der Rundung einschneiden. Die Pfote wenden und vorsichtig bügeln. Etwas Wolle hineinschieben, um sie auszupolstern. Die offenen Kanten zusammengefasst mit einem größeren Zickzackstich (1,4 mm lang, 4 mm breit) versäubern.

18 Auf der Fleece-Seite des Körpers eine Pfote in 2,5 cm Abstand zur Ecke an die gerundete Unterkante stecken. Die gerade Kante der Pfote an der Innenkante des Schrägstreifens anlegen, sodass die Pfote etwas unter dem Körper hervorschaut. Auf der Stepplinie des Schrägstreifens die Pfote an den Körper nähen (**Abb. 3** auf Seite 130). Die andere Pfote ebenso annähen.

19 Die Mitte der unversäuberten Halskante mit einer Stecknadel oder einem Strich markieren. Den Körper um den Kopf legen, dabei zeigt die Charmeuse-Seite des Körpers zur rechten Seite des Kopfes. Die Halskanten exakt aufeinander ausrichten, die eingefassten geraden Kanten des Körpers treffen in der vorderen Mitte des Kopfes zusammen, ohne zu überlappen. Die Seitennähte des Kopfes treffen auf die Ansatznähte zwischen Körper und Armen (siehe **Abb. 4** auf Seite 130).

20 Weil die Halsöffnung klein ist, wird auf der linken Seite des Kopfes genäht. Das Nähfüßchen läuft also innen, sodass sich der Stoff leichter vorantransportieren lässt. Die Halsnaht ringsum mit einem schmalen Zickzackstich steppen. In der vorderen Mitte beginnen und am Ende der Runde zweimal über die Schrägstreifen nähen, um die Naht an dieser besonders empfindlichen Stelle zu verstärken. Mit einem größeren Zickzackstich die Nahtzugaben zusammen versäubern (**Abb. 4** auf Seite 130). Die Katze auf rechts wenden und die Nahtzugabe zur Innenseite des Kopfes bügeln.

Werkzeug + Material

Im Fachhandel gibt es eine Menge von Werkzeugen und Hilfsmitteln zum Schneidern. Natürlich haben all diese praktischen Dinge ihren Reiz, aber für den Anfang ist es sinnvoll, den Bedarf realistisch zu planen. In diesem Abschnitt erfahren Sie, welche Utensilien Sie sich wirklich anschaffen sollten und welche recht nützlich, aber nicht unentbehrlich sind.

Das Wesentliche

Die folgenden Werkzeuge und Hilfsmittel brauchen Sie unbedingt. Hier erfahren Sie auch, worauf beim Kauf zu achten ist.

Nähmaschine

Eine gute Haushaltsnähmaschine genügt für die Projekte in diesem Buch vollkommen. Einsteiger brauchen kein Luxusmodell mit zahllosen Einstellungsvarianten.

Zickzackstich Ein Zickzackstich, der sich in Länge und Breite verstellen lässt, ist unerlässlich. Zum Glück ist er bei modernen Maschinen Standard, und selbst alte Modelle haben meist eine Zickzackfunktion oder ein entsprechendes Zubehörteil.

Verstellbare Nadelposition Es ist von Vorteil, wenn sich die Nadel so verstellen lässt, dass sie ein Stück links oder rechts von der Mitte einsticht. Es geht aber auch ohne.

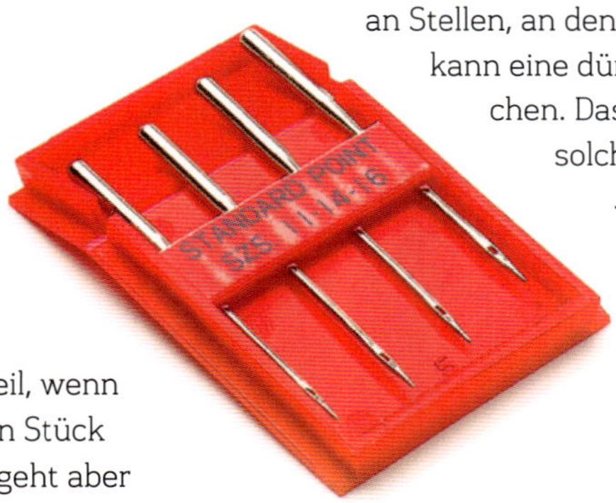

Nähmaschinennadeln ✓

Nach zwei bis drei Projekten (und bei Bedarf auch öfter) sollten Sie die Nähmaschinennadel auswechseln. Neben verschiedenen Nadelstärken gibt es auch spezielle Typen zum Nähen bestimmter Stoffe (z. B. Seide, Jeans, Leder oder Jersey).

Die Nadelstärke wird in Zahlen angegeben. Stärke 60 ist sehr fein, Stärke 100 deutlich dicker. Verwenden Sie eine möglichst dünne und für Ihren Stoff geeignete Nadel. Jersey und Rippware sollten immer mit einer Jerseynadel genäht werden. Diese Nadeln haben eine abgerundete Spitze. Normale Nadeln mit einer Spitze können die Fäden des Stoffes durchstechen und zu Laufmaschenbildung führen.

Wenn Sie durch mehrere Stofflagen nähen müssen, etwa an Stellen, an denen Nahtzugaben aufeinanderliegen, kann eine dünne Nadel leicht verbiegen oder abbrechen. Das lässt sich vermeiden, indem Sie für solche Stellen eine stärkere Nadel (z. B. eine Jeansnadel) verwenden oder den Fuß vom Pedal nehmen und die Stelle durch Drehen am Handrad ganz langsam nähen.

Die Grundausstattung

Die folgenden Utensilien sollten immer bereitliegen, bevor Sie eines der Projekte in diesem Buch beginnen. Nur besondere Werkzeuge, die nicht zu dieser Grundausstattung gehören, sind in den Materiallisten zu Beginn der Projekte aufgeführt.

- Nähmaschine und Ersatznadeln in verschiedenen Stärken für den Stoff, den Sie verarbeiten. Legen Sie auch das Handbuch zur Nähmaschine griffbereit, falls Sie etwas nachschauen müssen.
- Bügeleisen und Bügelbrett
- Langes Lineal
- Stecknadeln
- Auswaschbarer Textilstift oder Schneiderkreide
- Schneiderschere, Papierschere, Handarbeitsschere
- Nadeln zum Nähen von Hand und zum Sticken
- Nahttrenner

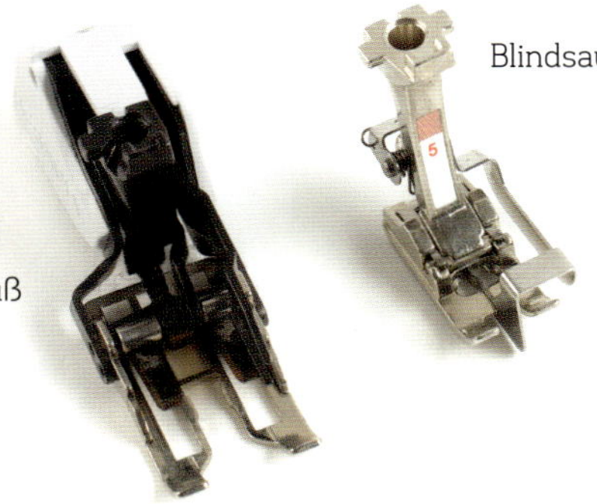

↑ Nähfüße

Die folgenden Nähfüße können Ihnen bei einigen Modellen aus diesem Buch gute Dienste leisten.

Oberstofftransportfuß: Er ist gut geeignet zum Quilten, zum Nähen von Maschenware und zum Annähen von Einfassungen. Seine »Zähnchen« verhindern, dass Stofflagen aufeinander verrutschen oder dass sich Fältchen bilden.

Kantenfuß, Blindsaumfuß: Ein Blindsaumfuß läuft an der Stoffkante entlang. Er eignet sich nicht nur für sehr unauffällige Säume, sondern auch zum knappkantigen Steppen und zum Versäubern von Stoffkanten. Ein Kantennähfuß läuft ebenfalls an der Stoffkante, sodass diese mit einem übergreifenden Stich versäubert werden kann. Er eignet sich nicht zum Nähen von Blindsäumen.

↓ Lineal

Zum genauen Messen und zum Zeichnen gerader Linien brauchen Sie ein langes Lineal. Ideal ist ein transparentes Quiltlineal mit aufgedrucktem Raster. Diese Lineale sind dick und stabil, sodass man an ihrer Kante mit einem Rollschneider schneiden kann. Dünnere Lineale werden durch die scharfe Klinge des Rollschneiders leicht beschädigt. Legen Sie bei der Arbeit mit dem Rollschneider immer eine Schneidematte unter. Für längere Striche sollten Sie auch einen Zollstock bereitlegen.

Scheren →

Außer einer guten Schneiderschere sollten Sie sich eine kleine, scharfe Handarbeitsschere zum Abschneiden von Fäden und für kleinteilige Schnitte zulegen. Verwenden Sie Ihre Schneiderschere ausschließich für Stoffe, niemals für Papier oder andere Materialien, sonst wird sie im Handumdrehen stumpf. Für Papier und andere Materialien genügt eine gewöhnliche, preiswerte Haushaltsschere.

Nadeln zum Nähen und Sticken

Nadeln für die Handarbeit gibt es in vielen Ausführungen. Probieren Sie aus, womit Sie am besten zurechtkommen. Je dünner die Nadel ist, desto unauffälliger fallen die Stiche aus. Andererseits muss die Nadel ein ausreichend großes Loch in den Stoff stechen, um den Faden nachzuziehen. Neben Nähnadeln in verschiedenen Stärken und Längen benötigen Sie dickere Nadeln zum Sticken. Für gewebte Stoffe verwendet man meist Sticknadeln mit Spitze. Für Maschen- und Zählstoffe sollten Sie immer Sticknadeln ohne Spitze benutzen, weil diese die Fäden des Untergrunds nicht durchstechen.

Jersey-Stecknadeln

Wenn Sie häufig Maschenware verarbeiten, sollten Sie sich Jersey-Stecknadeln anschaffen. Weil sie eine abgerundete Spitze haben, beschädigen sie das feine Maschenwerk nicht. Für gewebte Stoffe genügen Standard-Stecknadeln. Empfehlenswert sind Nadeln mit bunten Glasköpfen, weil man sie besser sieht.

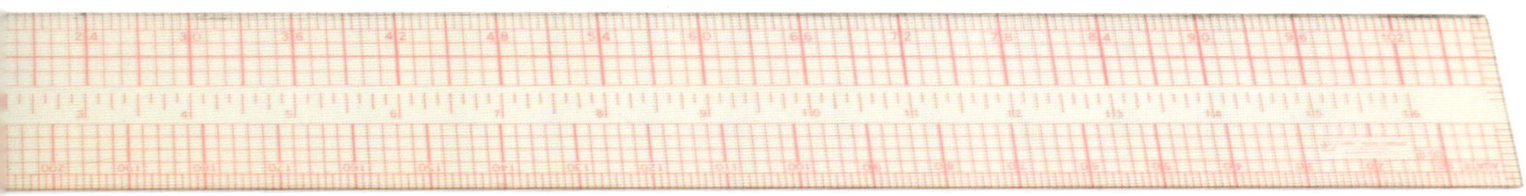

Schneiderschere

Handarbeitsschere

Die Extras

Die folgenden Werkzeuge sind nicht unbedingt notwendig, aber recht praktisch.

Overlock-Nähmaschine

Diese Maschinen arbeiten meist mit zwei Oberfäden und zwei Unterfäden. Ein eingebautes Messer schneidet beim Nähen die Stoffkanten sauber ab. Beim Nähen mit der Overlock-Maschine legen sich die Fäden um die Stoffkante und bilden einen sauberen, professionellen Abschluss. Außer zum Versäubern eignen sich diese Maschinen auch gut für dehnbare Nähte und für Rollsäume. Teurere Modelle haben weitere Einstellungen, mit denen sich auch flache Nähte in Maschenware arbeiten lassen. Tipps zur Verarbeitung von Maschenware mit der Overlock-Nähmaschine finden Sie auf Seite 140.

Rollschneider und Schneidematte ↓

Rollschneider gibt es in verschiedenen Größen. Alle haben eine sehr scharfe, drehbar gelagerte Klinge, mit der sich mehrere Stofflagen leicht und schnell schneiden lassen. Um die Arbeitsfläche und die Klinge zu schonen, muss immer eine Schneidematte untergelegt werden. Die Handhabung des Rollschneiders erfordert ein bisschen Übung, aber wenn Sie den Bogen erst einmal heraushaben, werden Sie sich fragen, wie Sie jemals ohne ausgekommen sind.

Ärmelbrett

Jahrelang bin ich im Stoffladen achtlos an Ärmelbrettern vorbei gegangen, doch jetzt kann ich darauf nicht mehr verzichten. Gerade für Kinderkleidung oder andere kleine Teile (z. B. Manschetten) ist es ungemein praktisch, den Stoff zum Bügeln auf das schmale Brett schieben zu können. Auch Hosenbeine lassen sich damit hervorragend bügeln, ohne dass man versehentlich Fältchen in die untere Stofflage dämpft.

Maschenware verarbeiten

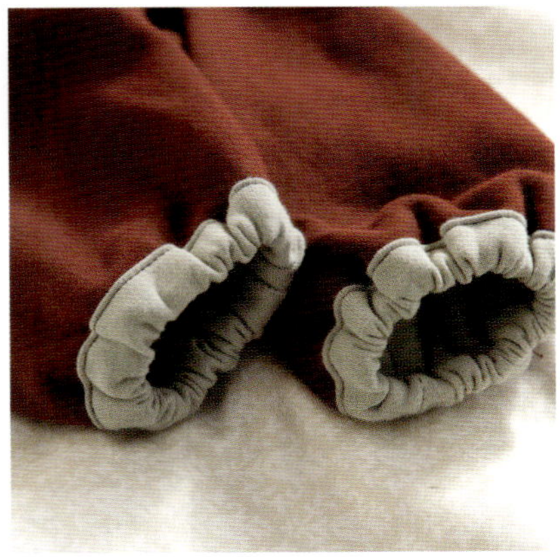

Wer Kinderkleidung nähen möchte, sollte einige spezielle Tricks kennen. Auf den folgenden Seiten finden Sie einen Überblick über die tragesympathischen Stoffe, die ich für die Modelle in diesem Buch verwendet habe, und einige Empfehlungen zu ihrer Verarbeitung.

Verwendete Maschenware

Für die Modelle in diesem Buch werden drei Arten von Maschenstoffen verarbeitet. Manchmal sind sie untereinander austauschbar, in anderen Fällen sollten Sie die angegebene Qualität verwenden.

(Single-)Jersey oder T-Shirt-Stoff ist recht dünn und hat zwei verschiedene Seiten. Bei genauem Hinsehen ist auf der Rückseite eine quer laufende Wellenstruktur zu erkennen, die durch die linken Maschen entsteht. An den Schnittkanten rollt sich einfacher Jersey. Er eignet sich für leichte Shirts oder – zweilagig verarbeitet – für Wendekleidung. Da er in Querrichtung sehr elastisch ist, kann er manchmal als Ersatz für Rippware dienen.

Interlockjersey zeigt von beiden Seiten das gleiche Maschenbild. Er ist stabiler und etwas schwerer als einfacher Jersey und seine Schnittkanten rollen sich nicht. Ich verarbeite ihn gern für Hosen und Oberbekleidung, aber auch für andere Modelle, die etwas mehr Festigkeit erfordern. Wenn Interlockjersey sehr elastisch ist, kann er für Einfassungen verwendet werden. Wegen seiner Dicke ist er aber weniger flexibel als T-Shirt-Jersey.

Rippware (Fein- und Doppelripp) gibt in Querrichtung stark nach und zieht sich, wenn sie gedehnt wurde, wieder auf die ursprüngliche Breite zusammen. Darum ist sie die beste Wahl für Ärmel- oder Taillenbündchen. Wird sie beim Annähen etwas gedehnt, lässt sie sich ebenso leicht um Rundungen legen wie ein Schrägstreifen. Rippware eignet sich für körpernah sitzende Kleidung und zum Einfassen von Kanten; sie wird häufig als Schlauchware angeboten.

Stoffe für Kinderkleidung

Wenn Sie Maschenware für Kinderkleidung aussuchen, sollten Sie Naturfaserstoffe in T-Shirt- oder Sweatshirt-Stärke wählen. Diese Stoffe sind in Längs- und Querrichtung dehnbar, was für die Bequemlichkeit der Kleidung wichtig ist. Besonders preiswerten Jersey (T-Shirt) und Interlock (Sweatshirt) bekommen Sie im Second-Hand-Laden oder auf dem Flohmarkt: Shirts aus reiner Baumwolle in Männergröße XL, die nach einer Wäsche zerschnitten werden. Ich mag aber auch den schadstoffgeprüften Interlockjersey, den unabhängige Designer über spoonflower.com oder stoffn.de anbieten: Jeder, der Lust hat, ein Muster selbst zu entwerfen, kann es bei diesen Firmen drucken lassen.

Maschenware verarbeiten

Maschenware verarbeiten mit Nähmaschine und Overlock-Maschine

Um elastische Stoffe zu verarbeiten, brauchen Sie nicht unbedingt eine Overlock-Nähmaschine. Abgesehen von einigen simplen, geraden Nähten habe ich alle Modelle in diesem Buch mit meiner normalen Haushaltsnähmaschine genäht. Viele Leute meinen, dass Maschenware schwierig zu verarbeiten ist. Dabei ist eigentlich das Gegenteil der Fall. Diese Stoffe verzeihen eine Menge Fehler. Und wenn man ein paar Tricks kennt, ist die Verarbeitung kein Problem.

- ***Lernen Sie Ihre Nähmaschine gründlich kennen.*** Sie brauchen keine Overlock-Maschine, aber Sie sollten mit Ihrer Nähmaschine vertraut sein. In Büchern oder im Internet können Sie nicht nachlesen, welche Einstellungen für Ihre Maschine optimal sind. Lesen Sie sich das Handbuch durch und nehmen Sie sich einen Nachmittag Zeit zum Experimentieren mit verschiedenen Stoffresten und Einstellungen. Manche Händler bieten für Kunden von Neugeräten auch kostenlose Einführungsseminare an. Wenn Sie die Maschine nicht dort gekauft haben, erkundigen Sie sich, ob Sie gegen Gebühr an so einem Seminar teilnehmen können.

- ***Schaffen Sie sich die richtigen Nadeln an.*** Zum Nähen elastischer Stoffe verwende ich fast immer Marken-Maschinennadeln für Stretch in Stärke 75/11 oder 90/14. Für dickere Stoffe nehme ich manchmal auch Jersey-Nadeln, aber sobald die Stiche ungleichmäßig werden, setze ich wieder meine bewährte Stretch-Nadel ein. Für Säume und »falsche« Overlocknähte ist eine Stretch-Zwillingsnadel praktisch (dazu mehr auf Seite 141).

- ***Alle Nähte mit Overlock-, Elastik- oder Zickzackstich nähen.*** Schnittmuster für Maschenware haben eine geringere Bequemlichkeitszugabe, weil der Stoff selbst elastisch ist. Darum müssen auch die Nähte elastisch sein, damit sie nicht reißen, wenn sich der Stoff dehnt. Mit der Overlock-Nähmaschine erhalten Sie sehr dehnbare Nähte und das Einrollen der Kanten wird verhindert. Viele moderne Haushaltsmaschinen verfügen über spezielle Stiche für elastische Stoffe. Wenn Sie eine ältere oder ganz einfache Nähmaschine besitzen, verwenden Sie einen Zickzackstich mit 7 mm Breite und 0,3 mm Länge.

- ***Den Druck des Nähfußes verringern, damit sich der Stoff beim Nähen nicht dehnt.*** Wenn Ihre Nähte wellig und gedehnt aussehen, ist der Füßchendruck wahrscheinlich zu stark. Schauen Sie im Handbuch nach, wie sich der Druck an Ihrer Maschine einstellen lässt. Wenn Sie mit einer Overlock-Nähmaschine wellige Nähte bekommen, achten Sie darauf, dass das Transportdifferenzial auf Jersey eingestellt ist. Auch dazu finden Sie alle wichtigen Informationen im Handbuch.

- ***Legen Sie sich einen Oberstofftransportfuß zu.*** Wenn Sie an einer Haushaltsnähmaschine den Füßchendruck reduziert haben und die Nähte dennoch unansehnlich ausfallen, versuchen Sie es mit einem Oberstofftransportfuß. Er sorgt dafür, dass die Stofflagen gleichmäßiger transportiert werden und nicht aufeinander verrutschen können.

- ***Verwenden Sie hochwertiges Garn und schaffen Sie sich auch Nylon-Bauschgarn an.*** Bitte bedenken Sie, dass zum Nähen mit der Overlock-Nähmaschine erheblich mehr Garn benötigt wird als für Zickzacknähte mit einer normalen Nähmaschine. Viele Overlock-Nähmaschinen sind in Sachen Garn etwas wählerisch. Arbeiten Sie nur mit Qualitätsgarn, das ausdrücklich für diesen Zweck gedacht ist, so ersparen Sie sich viel Ärger. Nylon-Bauschgarn (Woolly Nylon) hat eine flauschig-weiche Fadenstruktur, die an Wolle erinnert, und ist dabei stabil und elastisch. Die Farbpalette ist jedoch eher klein. Es sollte prinzipiell nur als Unterfaden eingesetzt werden. Wenn Sie Bauschgarn mit der Overlock-Maschine nähen möchten, experimentieren Sie zuerst auf einem Rest des Stoffes mit verschiedenen Einstellungen. Wahrscheinlich müssen Sie die Spannung von Ober- und Unterfäden justieren. Sind einmal die optimalen Einstellungen mit Bauschgarn für einen Stofftyp gefunden, notieren und bei der Maschine aufbewahren!

- ***Üben Sie das Nähen perfekter Säume.*** Selbst wenn Sie eine Overlock-Nähmaschine besitzen, kann diese nicht unbedingt versäuberte Säume nähen. Wenn die Maschine eine Saumfunktion hat, machen Sie sich mit der Handhabung vertraut. Bei diesem Stich erscheinen auf der rechten Seite des Modells zwei parallele Linien aus Geradstichen. Auf der Rückseite liegen die Fadenschlaufen über der Stoffkante, die dadurch versäubert ist. Der Overlock-Saumstich sieht professionell aus und ist sehr elastisch.

Techniken

Auch mit einer Haushaltsnähmaschine lässt sich Maschenware gut nähen, wenn man die richtigen Techniken kennt.

Maschenware mit der Nähmaschine säumen

Sie brauchen:

- Nähmaschine, geeignet für Zwillingsnadel (gilt für die meisten Modelle)
- Stretch-Zwillingsnadel, 2 oder 4 mm Breite
- Nylon-Bauschgarn
- Saumklebeband zum Aufbügeln, ca. 1 cm breit (nach Belieben)

1 Den Saum 1,5 cm nach links umbügeln und stecken oder heften.

2 Das Bauschgarn von Hand auf die Spule wickeln, dabei den Faden nicht dehnen. Die Spule in die Nähmaschine einsetzen. Der Saum mit der Zwillingsnadel ist nicht ganz so elastisch wie ein Overlock-Saumstich, doch das Bauschgarn sorgt für zusätzliche Dehnbarkeit. Dadurch kann der Faden beim täglichen Tragen nicht so leicht reißen.

3 Die Zwillingsnadel in die Maschine einsetzen. Schauen Sie im Handbuch nach, wie Sie bei Ihrer Maschine beim Nähen mit der Zwillingsnadel die Fäden einfädeln müssen. Dann eine Probenaht auf einem Stoffrest nähen. Wenn sich zwischen den beiden Stichreihen ein Wulst bildet, müssen Sie die Fadenspannung reduzieren (z. B. von Stufe 4 auf Stufe 1). Den Saum in 1,2 cm Abstand zur umgefalteten Kante nähen. Die Zwillingsnadel sticht dann 3 mm neben der unversäuberten Kante ein.

Wenn Sie möchten, können Sie zuerst auf die linke Seite der unversäuberten Saumkante ein Saumklebeband bügeln. Danach das Trägerpapier abziehen, den Saum einschlagen und umbügeln. Dabei schmilzt das Klebeband und der Saum wird fixiert. Nun festnähen. ***Tipp:*** Probieren Sie zuerst an einem Stoffrest aus, ob das Klebeband den Stoff nicht unangenehm versteift.

Einfassung aus Rippware

1 Einen Streifen Feinripp (oder nach Wunsch Doppelripp) in den Maßen zuschneiden, die in der Anleitung angegeben sind. Immer quer zum Fadenlauf schneiden, weil der Stoff in dieser Richtung besonders dehnbar ist.

2 Den vorbereiteten Stoff flach ausbreiten. Den Streifen Feinripp an beiden Enden anfassen und dehnen, dann auf die Arbeitsfläche legen und einen Moment warten. Er zieht sich wieder zusammen, aber nicht ganz bis auf die ursprüngliche Länge.

3 Nun den Feinrippstreifen rechts auf rechts an der Kante anlegen, die eingefasst werden soll. Den Streifen feststecken, eventuell entsprechend der Schnittkontur in Form bringen, aber nicht mehr dehnen.

4 Die Einfassung gemäß Anleitung annähen. Die überstehenden Enden abschneiden. Durch das Dehnen vor dem Festnähen lässt sich der Feinrippstreifen auch an gerundete Kanten sauber annähen, ohne sich zu wellen oder Falten zu werfen.

Wenn die Rippware wie bei einem Puffärmel (Seite 25) den Hauptstoff zusammenziehen soll, wird sie vor dem Annähen nicht gedehnt. Schneiden Sie den Rippstreifen stattdessen etwas kürzer als die einzufassende Kante zu und dehnen Sie ihn beim Annähen. Den Streifen nur am Anfang, in der Mitte und am Ende der Kante feststecken. Sobald der Nähfuß den Rippstreifen festhält, können Sie ihn auf die Länge der einzufassenden Kante dehnen.

Soll zum Einfassen Interlock-Jersey verwendet werden, schneiden Sie ihn auf die Länge der einzufassenden Kante zu. Er wird beim Festnähen nicht gedehnt. Bedenken sie aber, dass Interlock erheblich weniger nachgibt als Rippware.

Glossar

ABSTEPPEN Erzeugt Steppnähte, die auf der Außenseite sichtbar sind. Sie dienen meist als Verzierung, verbessern aber auch die Stabilität.

EINHALTEN Wenn zwei gerade oder gekrümmte Kanten unterschiedlicher Länge zusammengenäht werden, ohne dass dabei Fältchen entstehen, muss das längere Teil eingehalten werden. Dazu die Kanten zuerst an den Enden, den Markierungen und/oder den Nähten zusammenstecken. Beim Stecken der dazwischenliegenden Bereiche wird die Fülle des längeren Teils gleichmäßig zwischen allen Nadeln verteilt. Nähen Sie dann langsam und streichen Sie dabei den Stoff vorsichtig von der Naht weg, damit sich unter dem Nähfuß keine ungewollten Fältchen bilden.

FADENLAUF Die Richtung, in der die Kettfäden des Stoffes verlaufen – parallel zu den Webkanten. Wird auf Schnittmustern mit einem langen Pfeil gekennzeichnet.

FAT QUARTER (Quilters Viertel) Traditionelles amerikanisches Quilt-Stoffmaß von etwa 50 x 56 cm.

FINGERBÜGELN Scharfes Kniffen des Stoffes zwischen den Fingernägeln, z. B. um die Mitte zu markieren.

FUTTER Stoff, mit dem die Innenseite eines Modells ausgekleidet wird. Er versteckt die Nahtzugaben und schützt sie vor Abnutzung. In der Regel wird das Futter so zugeschnitten und genäht wie der Außenstoff.

GERADSTICH Einfacher Steppstich, der für die meisten Zwecke verwendet wird. Bei größter Längeneinstellung an der Nähmaschine kann er auch zum Heften verwendet werden.

HAFTVLIES Ein beidseitig klebendes Vlies zum Aufbügeln.

HEFTEN Provisorisches Zusammennähen von Teilen, entweder von Hand im Vorstich oder mit der Nähmaschine mit großen Geradstichen. Die langen Stiche lassen sich später leicht auftrennen. Wenn sie von einer anderen Naht verdeckt werden, brauchen sie nicht aufgetrennt zu werden.

IN DER NAHT STEPPEN Eine Naht, die exakt auf der Linie einer vorher genähten und auseinandergebügelten (oder zu einer Seite gebügelten) Naht gesteppt wird.

KLIPS (PASSZEICHEN) Fachausdruck für eine kleine, dreieckige Markierung am Rand von Schnittmustern. Klipse kennzeichnen Punkte, an denen verschiedene Schnittteile genau aufeinandertreffen müssen. Beim Zuschnitt zeichnet man sie an oder schneidet die Nahtzugabe keilförmig ein.

KNAPPKANTIG Bezeichnet eine Naht oder Ziersteppung, die dicht neben einer Stoff- oder Bruchkante verläuft (meist 2–3 mm).

LINKE SEITE Die Rückseite eines Stoffes, die beim fertigen Modell innen liegt. Bei bedruckten Stoffen erscheint das Muster auf der linken Seite blasser oder schwächer.

NAHTZUGABE Der Stoff zwischen der Schnittkante und der Naht.

OVERLOCKSTICH Ein Stich, der mit der Overlock-Nähmaschine gearbeitet wird und verhindert, dass die Schnittkanten von Stoffen ausfransen. Auf einer konventionellen Nähmaschine kann ersatzweise ein Zickzackstich verwendet werden.

RECHTE SEITE Die Seite eines Stoffes, die beim fertigen Modell nach außen zeigt. Bei manchen Stoffen ist die rechte Seite leicht zu erkennen.

RECHTS AUF RECHTS Beim Zusammennähen von Schnittteilen werden diese häufig mit den rechten Stoffseiten aufeinandergelegt, damit die Naht später auf der linken Seite des Modells liegt.

SATINSTICH (Maschine) Ein Zickzackstich, der so eng eingestellt wird, dass die hin und her verlaufenden Stiche den Stoff komplett abdecken und eine breite Linie bilden, jedoch nicht so eng, dass ein Wulst entsteht.

SCHNITTMUSTERVLIES Durchscheinendes Vlies zum Abpausen von Schnittmustern und Vorlagen. Gibt es auch mit Zentimeterraster.

STRICHRICHTUNG Die Laufrichtung des Flors bei Cord oder Samt beeinflusst durch die Lichtreflexion die optische Wirkung. Beim Zuschnitt muss darauf geachtet werden, dass alle Teile in derselben Richtung auf den Stoff gelegt werden. Dasselbe gilt für Muster mit einer erkennbaren Laufrichtung.

STÜTZNAHT Eine Naht, die durch eine einzelne Stofflage genäht wird, um den Stoff zu stabilisieren (z. B. damit er sich nicht verzieht). Wird normalerweise zwischen Schnittkante und Nahtlinie gearbeitet, also auf der Nahtzugabe.

UNVERSÄUBERTE KANTE Schnittkante eines Stoffes, die nicht versäubert, genäht oder gesäumt wurde.

VERRIEGELN Am Anfang und Ende einer Naht näht man einige Stiche vorwärts, dann rückwärts und noch einmal vorwärts, um zu verhindern, dass die Naht aufreißt. Die meisten Nähmaschinen haben zu diesem Zweck eine Rückwärts-Taste.

VORSTICH Handstich aus gleichmäßigen, geraden Stichen. Je nach Verwendungszweck kann die Länge variieren. Der Vorstich kann zur Verzierung dienen, aber auch zum Heften. Siehe auch Geradstich.

WEBKANTE Die festeren Kanten des Stoffes, die durch das Web-, Wirk- oder Strickverfahren entstehen. Sie verlaufen auf dem Stoffballen in Längsrichtung.

Stiche + Techniken

* Rückstich (Steppstich)
Von rechts nach links arbeiten. Die Nadel bei **1** nach oben stechen, bei **2** (hinter dem Ausgangspunkt) wieder einstechen. Bei **3** herauskommen. Bei **1** wieder einstechen, dann eine Stichlänge vor **3** wieder nach oben kommen.

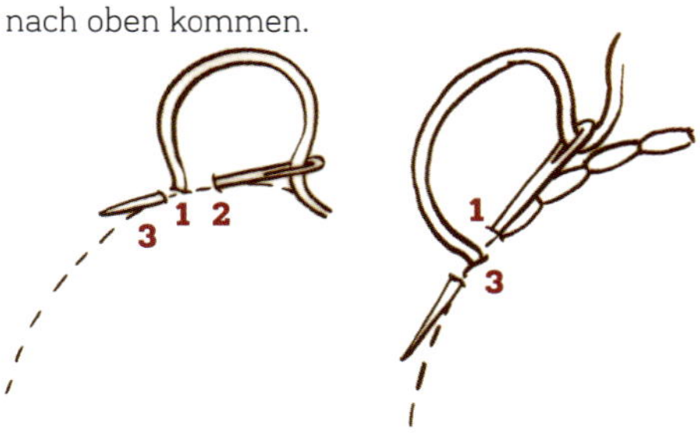

* Blindstich (Blindsaumstich)
Bei **1** einen kleinen Stich durch den Stoff arbeiten (nur wenige Gewebefäden aufnehmen). Der nächste Stich liegt 3–6 mm weiter vorn an der anderen Stoffkante bei **2**. Fortlaufend bis zum Nahtende wiederholen.

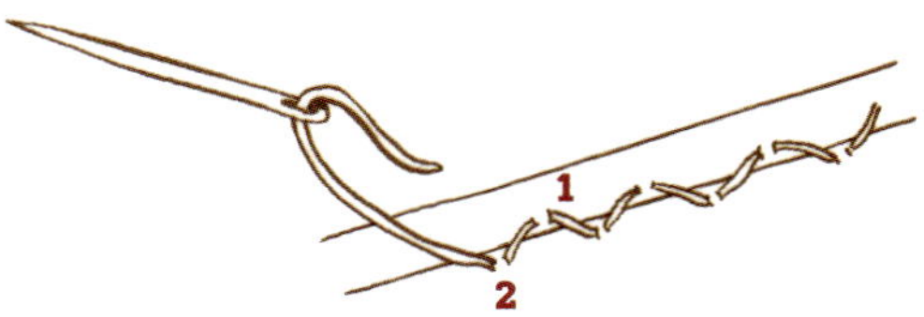

* Vorstich
Von rechts nach links arbeiten. Die Nadel bei **1** nach oben stechen, in 3–6 mm Abstand bei **2** einstechen, im gleichen Abstand bei **3** wieder hochkommen. Fortlaufend wiederholen. Zum Heften größere Stichabstände wählen.

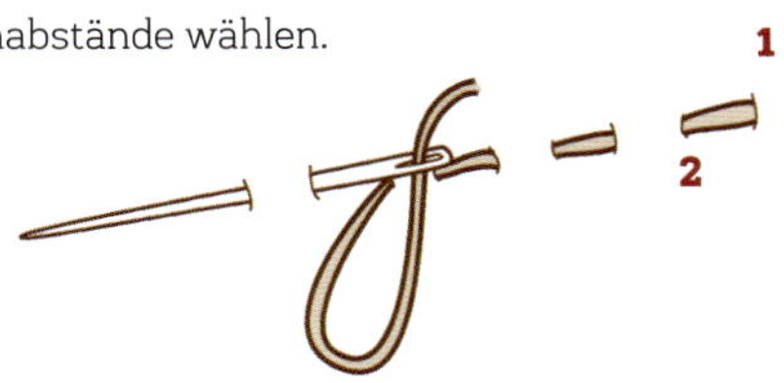

* Plattstich
Dieser Stich wird meist zum Ausfüllen von Flächen oder für Bogenkanten verwendet. Bei **1** nach oben stechen, bei **2** einstechen und bei **3** herauskommen. Fortlaufend wiederholen.

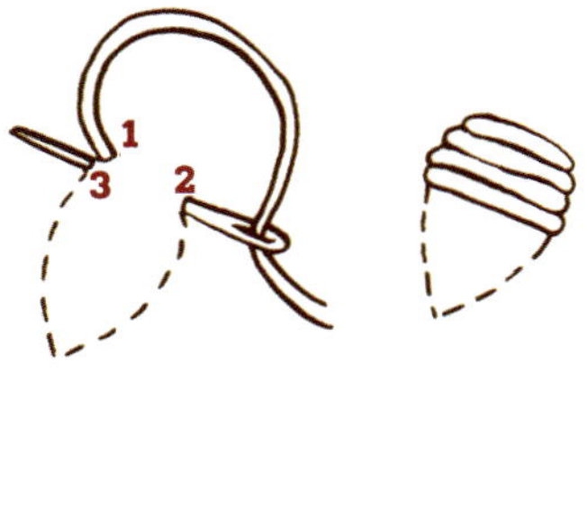

* Staffierstich
Einen Stich von 2–4 mm Länge durch die Bruchkante eines Teils arbeiten und herausstechen. Direkt gegenüber in die andere Bruchkante einstechen und die Nadel wieder 2–4 mm innerhalb der Bruchkante führen. Herauskommen und genau gegenüber einstechen. So entstehen winzige, kaum sichtbare Stiche.

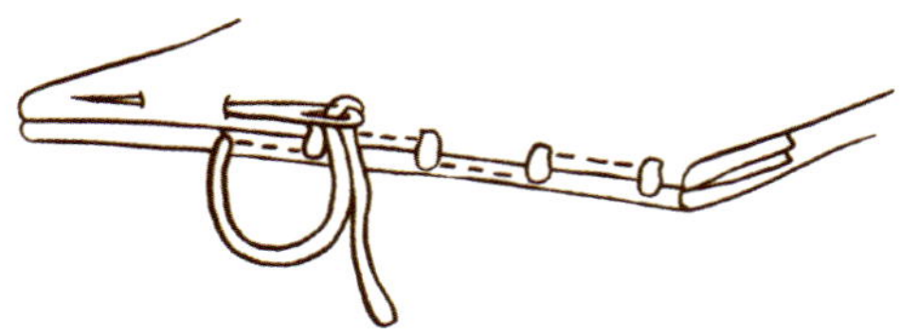

* Stielstich
Von links nach rechts arbeiten. Die Nadel bei **1** nach oben stechen. In 3–6 mm Abstand bei **2** einstechen, aber nicht die Nadel durchziehen. Bei **3** (auf halbem Weg zwischen **1** und **2**) ausstechen. Den Faden nach unten legen und durchziehen. 3–6 mm weiter rechts einstechen und bei **2** herauskommen. Fortlaufend wiederholen.

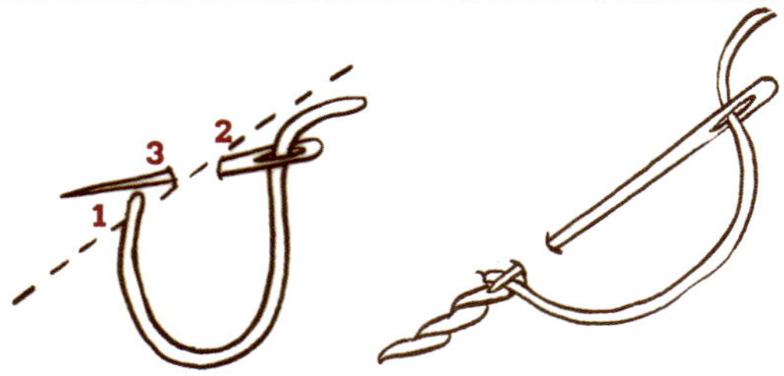

* Kreuzknoten
Zum Verknoten von zwei Garnenden. In den rechten Faden eine Schlaufe legen und zwischen Daumen und Zeigefinger festhalten. Den linken Faden von unten nach oben durch die Schlaufe ziehen, unter den zusammengehaltenen Enden der anderen Schlaufe hindurchlegen und nochmals von oben nach unten durch die Schlaufe führen. Den Knoten festziehen.

* Überwendlicher Stich
Die Nadel bei **1** nach oben stechen, bei **2** einstechen und bei **3** wieder nach oben kommen. Die Abstände der Stiche richten sich nach dem Verwendungszweck, sie sollten aber gleichmäßig sein.

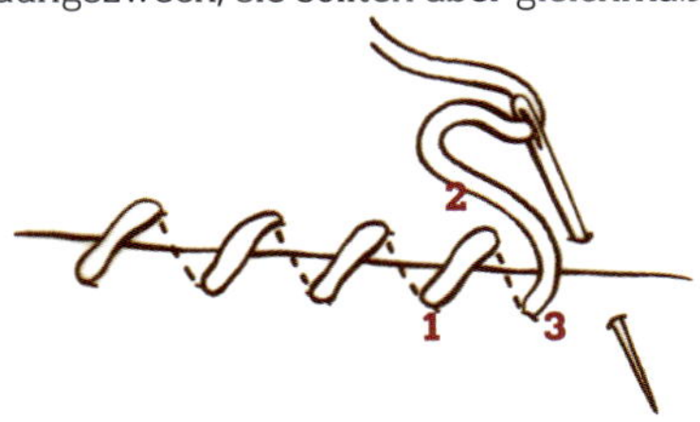

✱ Einfassungen vorbereiten

Die Maße für den Zuschnitt der Streifen finden Sie in der jeweiligen Anleitung. Hier wird die weitere Vorbereitung erklärt. Falls nötig, können mehrere Stücke zu einem langen Streifen zusammengesetzt werden. Vorher werden alle Webkanten entfernt.

STREIFEN ÜBER ECK ZUSAMMENSETZEN

Zwei Streifen rechts auf rechts im rechten Winkel aufeinanderlegen. Sie überlappen einander auf einer quadratischen Fläche. Nähen Sie diagonal über dieses Quadrat (siehe Abbildung). Danach den Stoff 6 mm neben der Nahtzugabe abschneiden und die Nahtzugaben auseinanderbügeln. Bei Bedarf weitere Stücke ebenso ansetzen, bis ein Streifen in der erforderlichen Länge fertig ist.

SCHRÄGSTREIFEN

1. Eine Schnittkante des Stoffes an die Webkante legen, sodass die Bruchkante im 45-Grad-Winkel verläuft **(Abb. 1)**. Das Zuschneiden gelingt am besten mit Rollschneider und Lineal auf einer Schneidematte. Zuerst die Bruchkante knapp abschneiden. Dann weitere Schnitte - immer in gleichen Abständen – parallel zur schrägen Schnittkante ausführen **(Abb. 2)**.
2. Die Streifen in Längsrichtung links auf links so falten, dass eine Schnittkante etwa 2 mm über die andere hinaussteht. Den Kniff einbügeln. Nicht genau in der Mitte falten. Eine Seite soll etwas vorstehen, damit sie beim Festnähen leichter mitzufassen ist.
3. Den Streifen wieder ausbreiten. Beide Längskanten an den zuvor gebügelten Kniff falten und bügeln **(Abb. 3)**.
4. Den Streifen wieder am Mittelkniff falten. Die unversäuberten Schnittkanten liegen nun innen **(Abb. 4)**. Nochmals bügeln.

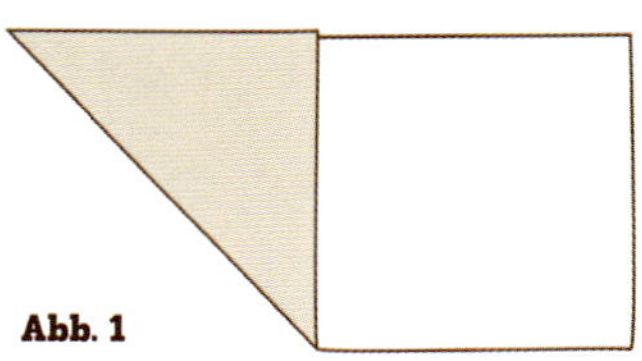

Abb. 1

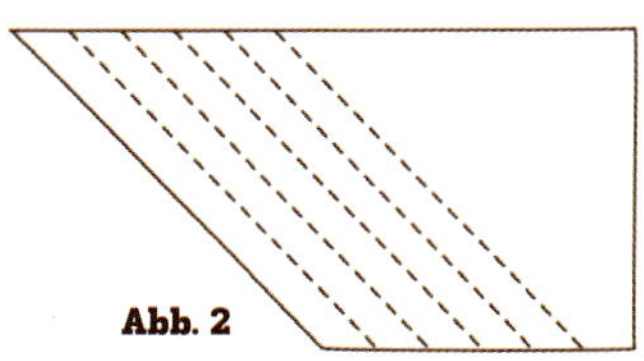

Abb. 2

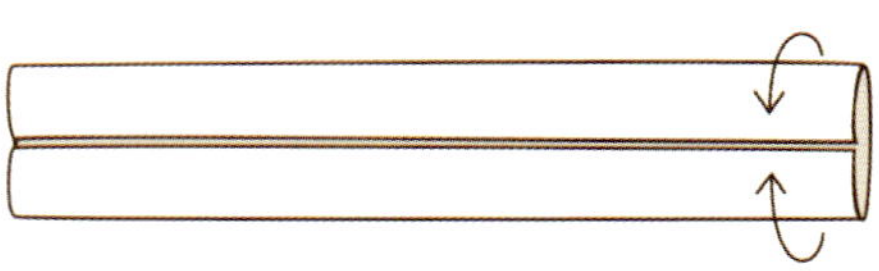

Abb. 3

Abb. 4

EINFASSUNG MIT BRIEFECKEN

1. Den vorgefalzten Streifen so an die Kante des einzufassenden Teils legen, dass dessen Schnittkante bis an den Mittelkniff des Streifens reicht (**Abb. 1**). Die etwas breitere Seite der Einfassung muss unten liegen (siehe Schritt 2 links). Den Streifen bis zur ersten Ecke feststecken.
2. Durch alle Stofflagen 3 mm neben der inneren Bruchkante des Streifens steppen. Dabei muss auch die unten liegende Kante des Streifens mitgefasst werden. Schauen Sie zur Kontrolle nach! Bis zur Ecke nähen und verriegeln (Seite 142). Das Werkstück unter der Maschine herausnehmen und die Fäden abschneiden (**Abb. 1**).
3. Den Streifen von der Ecke aus zurückfalten. Dabei stülpt er sich um und legt sich über die bereits festgenähte Einfassung. Den Streifen nun an der Ecke auf Vorder- und Rückseite schräg falten (**Abb. 2**) und an der nächsten unversäuberten Kante anlegen. Dabei wird er wieder auf rechts gewendet, kann festgesteckt (**Abb. 3**) und angenäht werden.
4. Den schrägen Kniff an der Ecke fingerbügeln (**Abb. 3**).
5. Schritt 2–4 an den folgenden Ecken wiederholen.

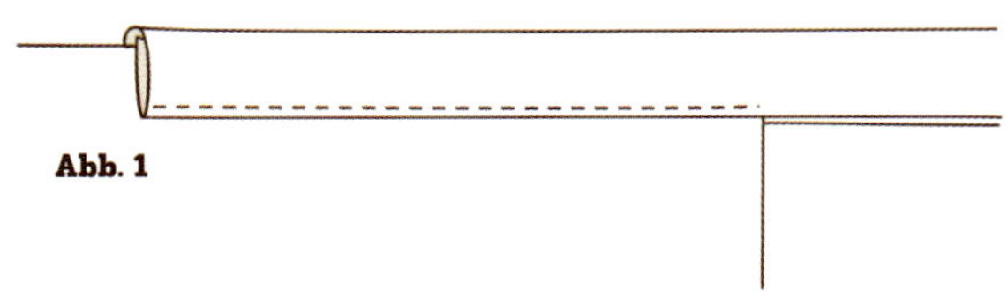

Abb. 1

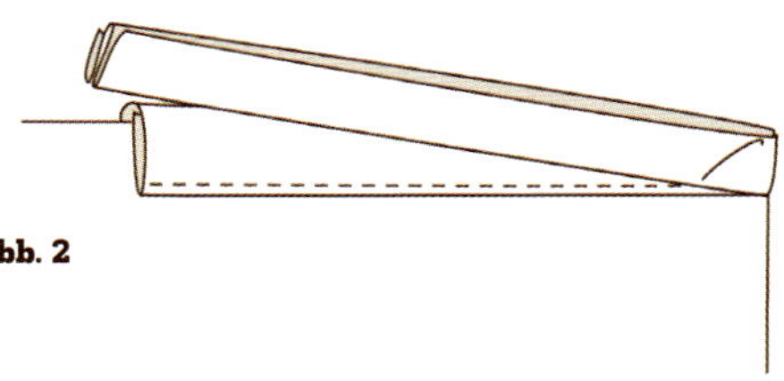

Abb. 2

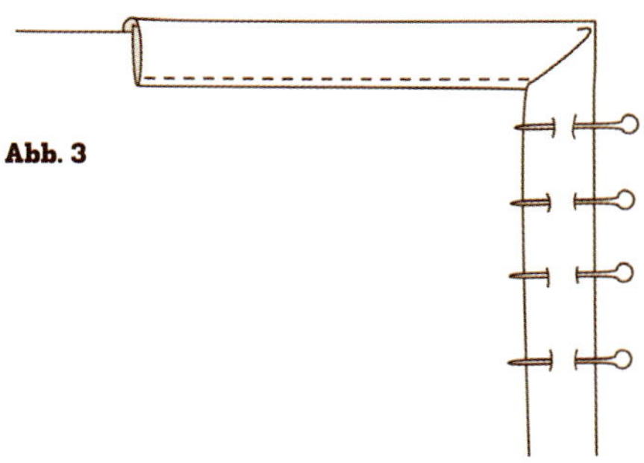

Abb. 3

= linke Stoffseite

* Ecken abschrägen

Ecken lassen sich nach dem Wenden spitzer herausdrücken und flacher bügeln, wenn man vorher die Nahtzugaben auf der linken Seite schräg abschneidet. Aber Vorsicht, nicht zu nah an der Naht schneiden!

* Rundungen einknipsen

Damit gerundete Nähte flacher liegen und die Nahtzugaben sich nicht abzeichnen, schneidet man die Nahtzugaben an Außenrundungen in regelmäßigen Abständen bis ca. 1 mm vor der Nahtlinie ein. An Innenrundungen schneiden Sie kleine V-förmige Ecken aus der Nahtzugabe heraus (wieder etwas Abstand zur Naht halten). Nach dem Wenden werden sie zusammengeschoben und die Nahtzugabe bildet keine Falten, die sich abzeichnen können. Je enger die Kurve, desto mehr Einschnitte sind nötig.

* Begradigen

Bei Quilts und anderen Projekten aus mehreren Stofflagen können sich die Lagen während der Arbeit leicht verschieben, sodass die Kanten nicht mehr ganz exakt aufeinanderliegen. Darum müssen sie vor dem Einfassen begradigt werden.

Das Werkstück auf eine Schneidematte legen und alle Kanten mit einem Rollschneider an einem stabilen Quiltlineal gerade schneiden. Achten Sie darauf, dass auch die Winkel an den Ecken stimmen. Bei viereckigen Werkstücken müssen die Ecken rechtwinklig sein.

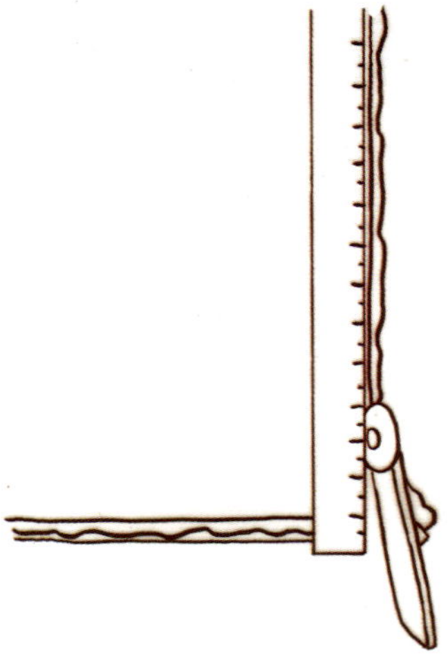

Größentabelle

0 bis 24 Monate

ALTER	0-2 MONATE	3 MONATE	6 MONATE	9 MONATE	12 MONATE	18 MONATE	24 MONATE
GRÖSSE	56 cm	61 cm	68,5 cm	73,5 cm	77,5 cm	84 cm	90 cm
BRUST	40,5 cm	43 cm	45,5 cm	47 cm	48,5 cm	50 cm	52 cm
TAILLE	42 cm	44,5 cm	47 cm	48,5 cm	49,5 cm	51,5 cm	53,5 cm
HÜFTE	42 cm	44,5 cm	47 cm	48,5 cm	49,5 cm	51,5 cm	53,5 cm

2 bis 5 Jahre

ALTER	2 JAHRE	3 JAHRE	4 JAHRE	5 JAHRE
BRUST	52 cm	53,5 cm	56 cm	58,5 cm
TAILLE	53,5 cm	54,5 cm	56 cm	57 cm
HÜFTE	53,5 cm	56 cm	58,5 cm	61 cm

Schnittmuster lesen

Hier finden Sie einen Überblick über die gebräuchlichsten Symbole und Abkürzungen auf Schnittmustern sowie einige Tipps zur Handhabung.

Weil sich die Schnittmusterteile auf den Bögen in diesem Buch überlappen, können Sie die erforderlichen Teile nicht einfach ausschneiden. Übertragen Sie die Teile, die Sie für Ihr Modell benötigen, zuerst auf Schnittmustervlies (auch Schablonenvlies genannt), Schneiderkopierpapier oder anderes Papier. Dann können Sie die übertragenen Teile ausschneiden und auf ihren Stoff stecken und zuschneiden. Manche Stoffe sollten nicht gesteckt werden, weil die Nadeln dauerhaft Löcher hinterlassen. In diesem Fall legen Sie die Schnittmusterteile auf, beschweren sie und zeichnen die Konturen mit Schneiderkreide nach, bevor Sie sie auf den vorgezeichneten Linien zuschneiden. Sofern in der Anleitung nichts anderes angegeben ist, werden alle Schnittmusterteile mit sämtlichen Markierungen auf die linke Seite des Stoffes übertragen. Nur Punkte als Positionsmarkierungen für Taschen oder Knöpfe müssen mit einem auswaschbaren Stift auf der rechten Stoffseite angezeichnet werden.

SCHNITTLINIEN UND GRÖSSENANGABEN Neben jeder Schnittlinie steht, für welche Größe sie gilt.

KNOPFLOCH-POSITIONEN Durchgehende Striche stehen für Knopflöcher. Ein großer, nicht ausgefüllter Kreis zeigt die Position eines Knopfes an.

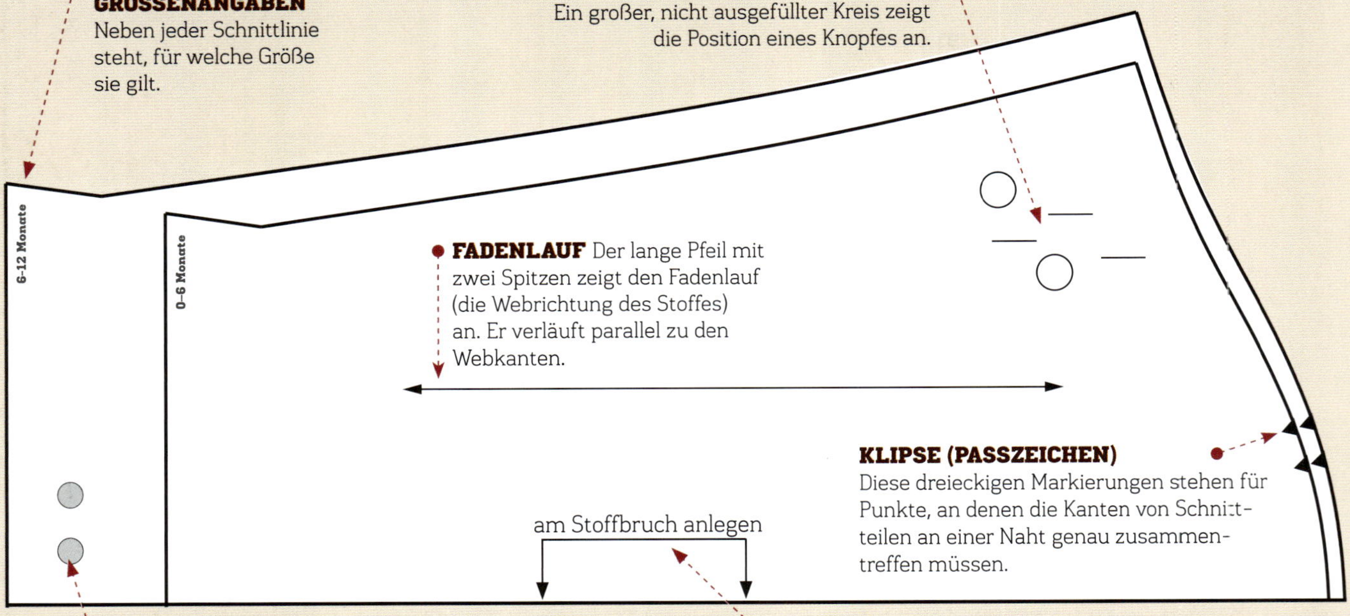

FADENLAUF Der lange Pfeil mit zwei Spitzen zeigt den Fadenlauf (die Webrichtung des Stoffes) an. Er verläuft parallel zu den Webkanten.

KLIPSE (PASSZEICHEN) Diese dreieckigen Markierungen stehen für Punkte, an denen die Kanten von Schnittteilen an einer Naht genau zusammentreffen müssen.

PUNKTE Dicke Punkte kennzeichnen Positionen, die meist auf der rechten Stoffseite sichtbar sein müssen, z. B. für Taschen oder Abnäher. Zum Anzeichnen das Papier durchstechen und durch das Loch die Markierung auf dem Stoff anbringen.

AM STOFFBRUCH ANLEGEN Die eckige Klammer mit Pfeilen an den Enden zeigt an, dass die Kante des Schnittmusters am Stoffbruch angelegt wird. Nach dem Zuschneiden ist das Teil also doppelt so groß wie der Papierschnitt. Den Stoff nicht am Stoffbruch durchschneiden!

Schnittauflagepläne

Kuvert-Shirt
Anleitung ab Seite 8

Stoffbreite 152 cm
Alle Größen, kurze Ärmel

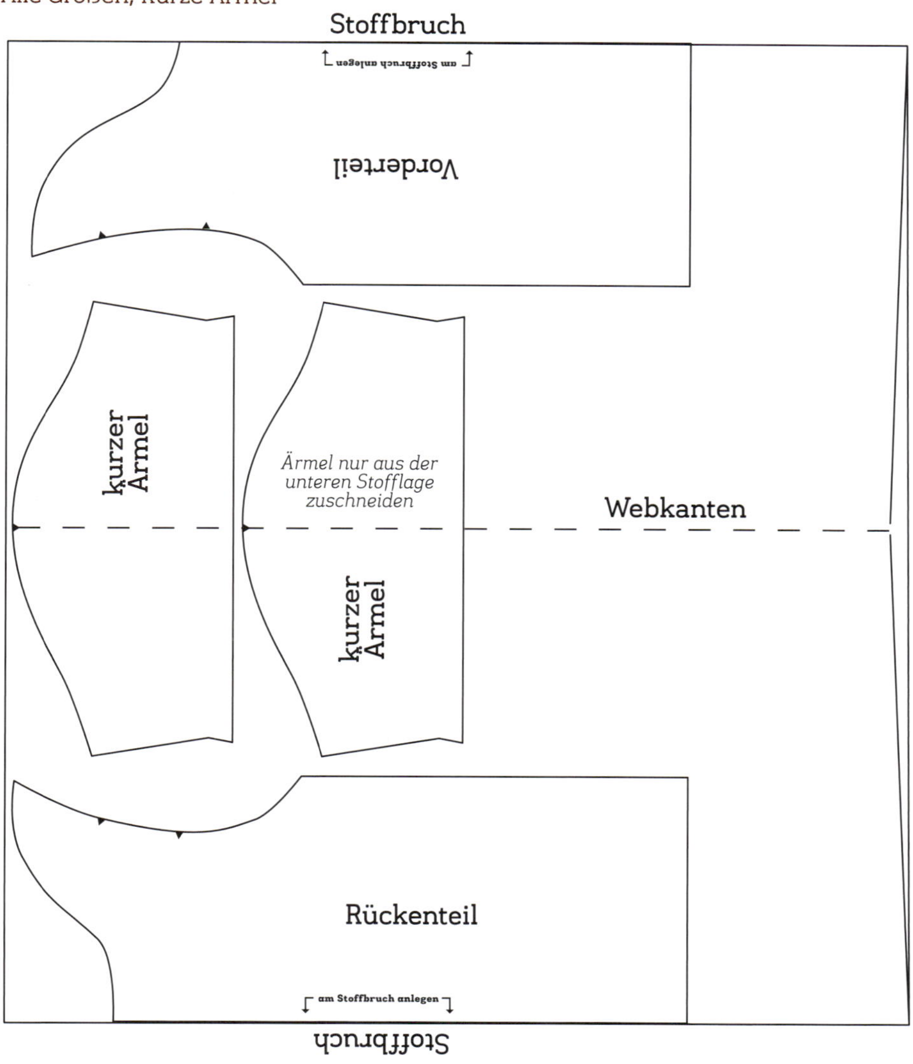

Schnittauflagepläne

Kuvert-Shirt
Anleitung ab Seite 8

Stoffbreite 152 cm
Alle Größen, lange Ärmel

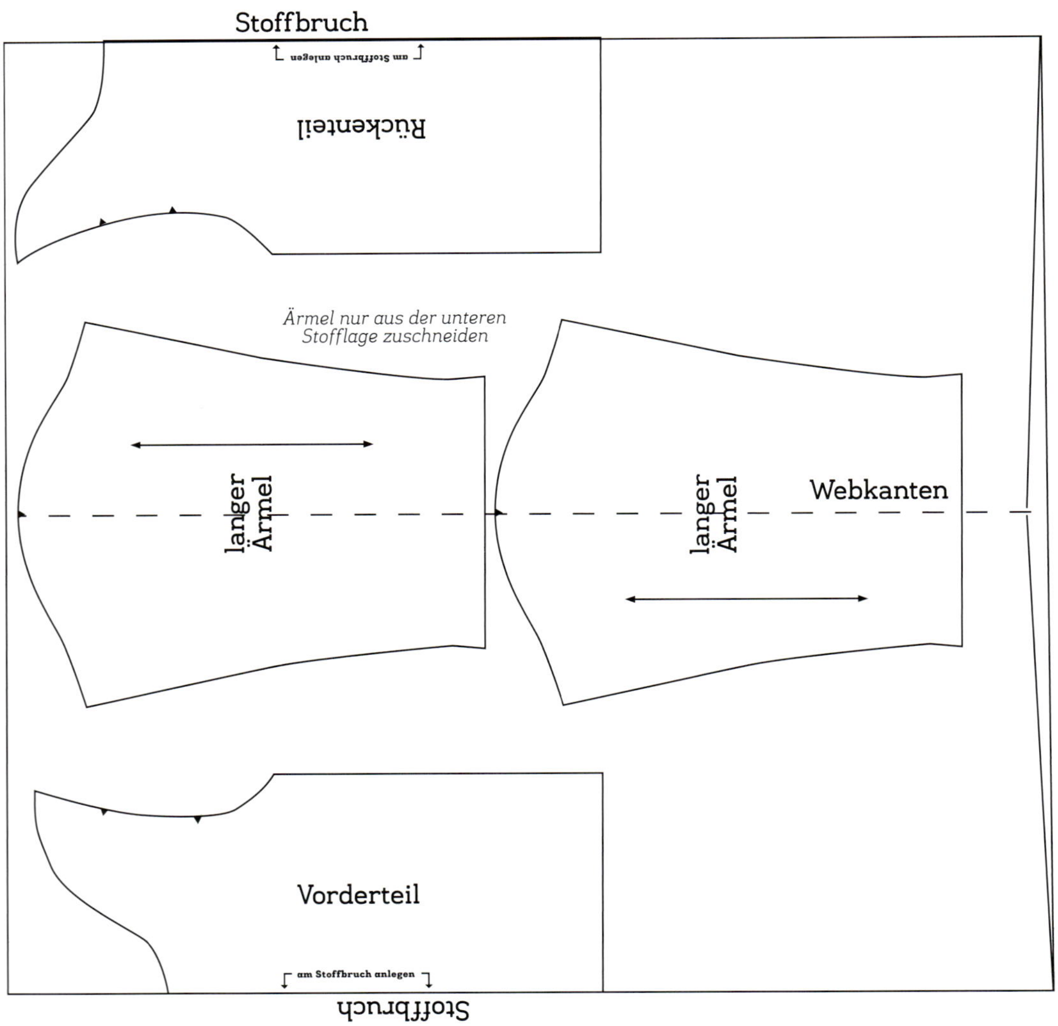

Sweatjacke mit zwei schönen Seiten
Anleitung ab Seite 12

Stoffbreite 155 cm
Alle Größen

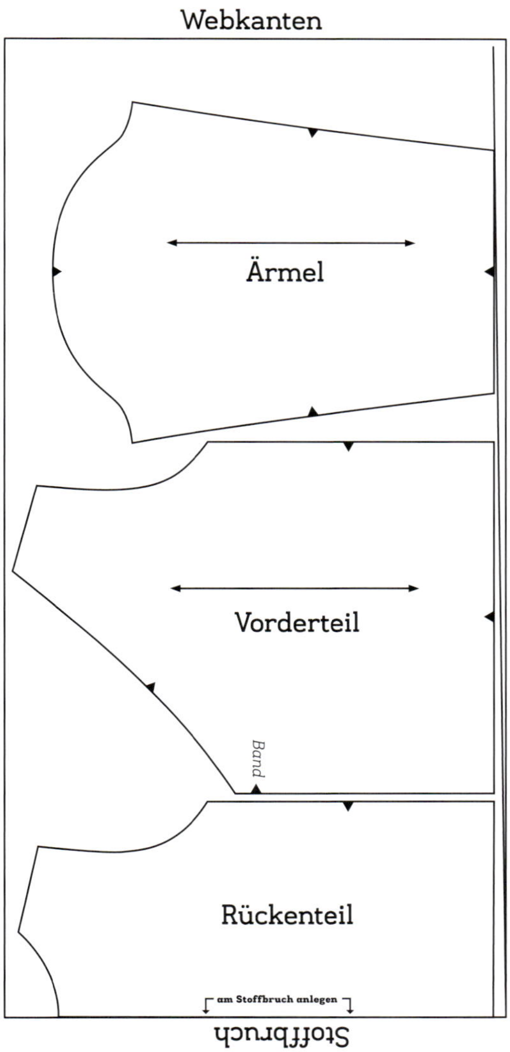

Pumphose
Anleitung ab Seite 18

Stoffbreite 155 cm
Alle Größen

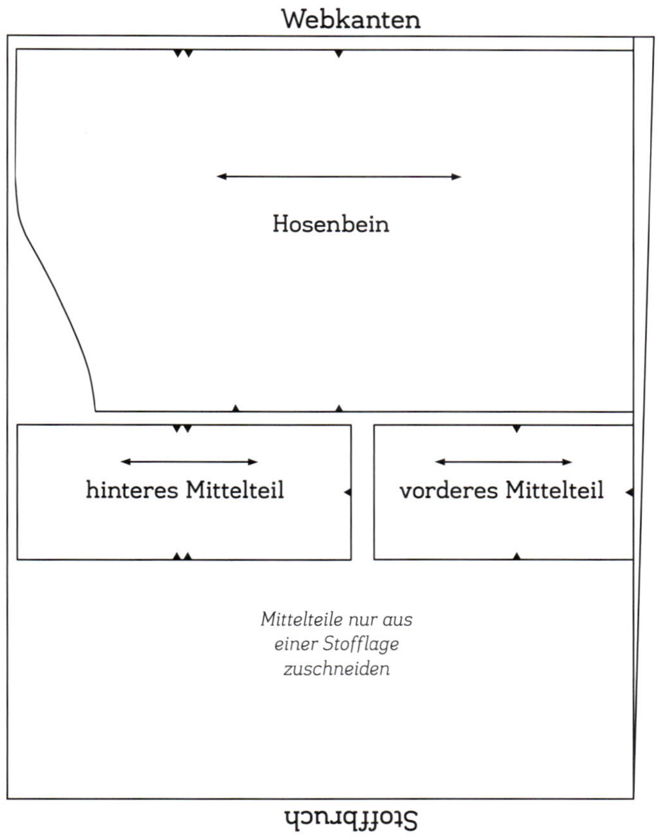

Schnittauflagepläne

Bequemes Shirt
Anleitung ab Seite 24

Stoffbreite 155 cm
Alle Größen, kurze Ärmel

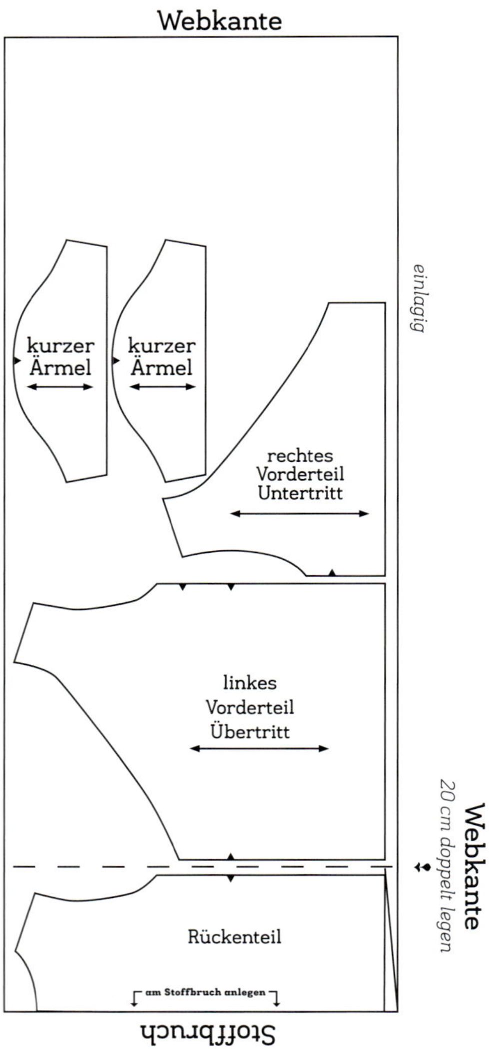

Stoffbreite 155 cm
Alle Größen, lange Ärmel

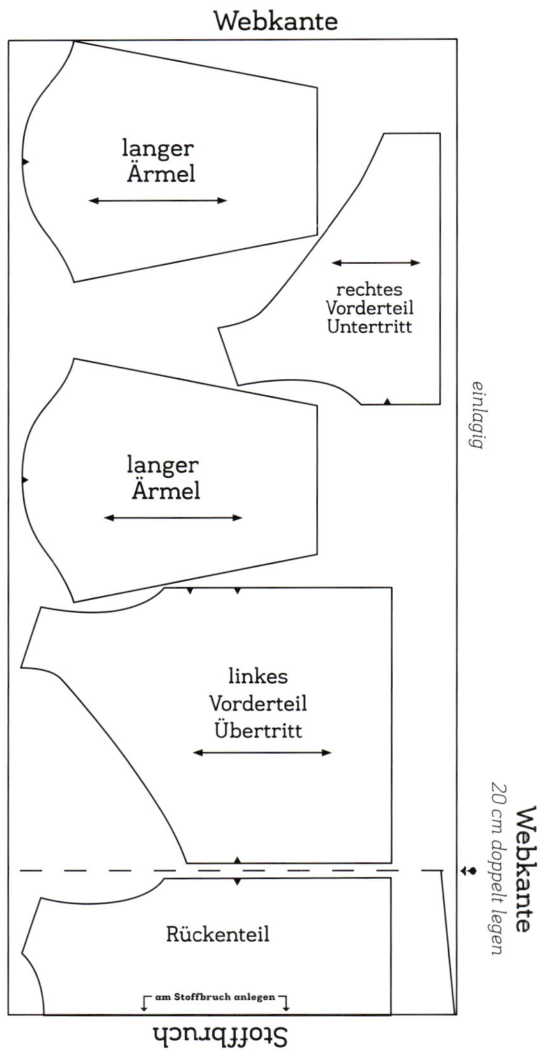

Robuste Jeans mit Taschen
Anleitung ab Seite 30

Stoffbreite 120 cm (Hauptstoff)
2 Jahre, 3 Jahre

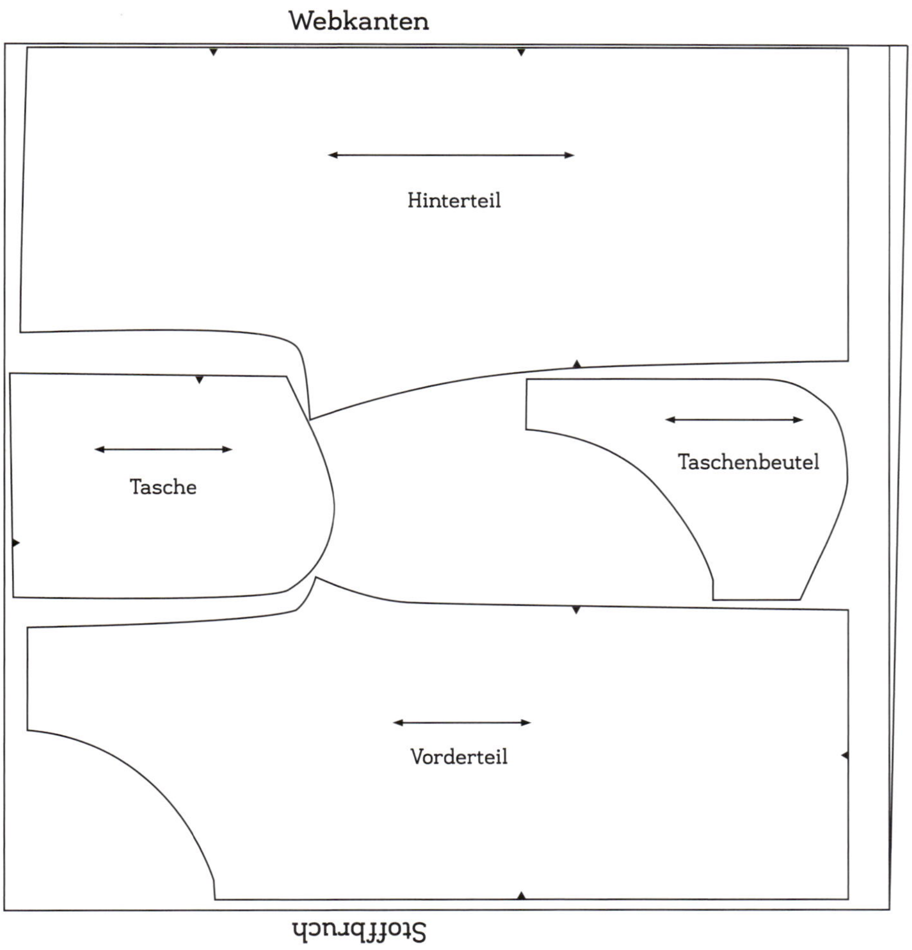

Robuste Jeans mit Taschen
Anleitung ab Seite 30

Stoffbreite 120 cm (Hauptstoff)
4 Jahre, 5 Jahre

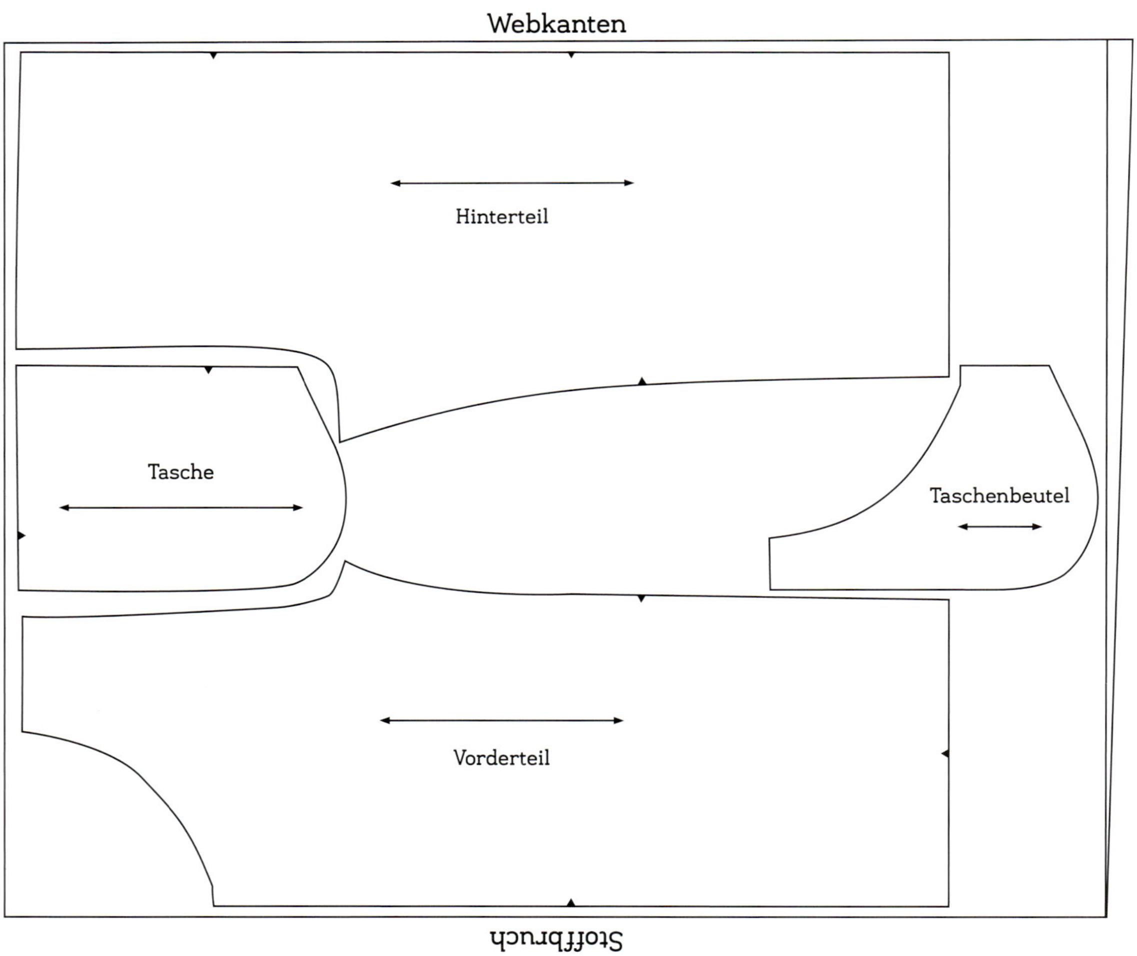

Robuste Jeans mit Taschen
Anleitung ab Seite 30
154–160 cm (Hauptstoff + Besätze)

Stoffbreite 154–160 cm (Hauptstoff)
Alle Größen

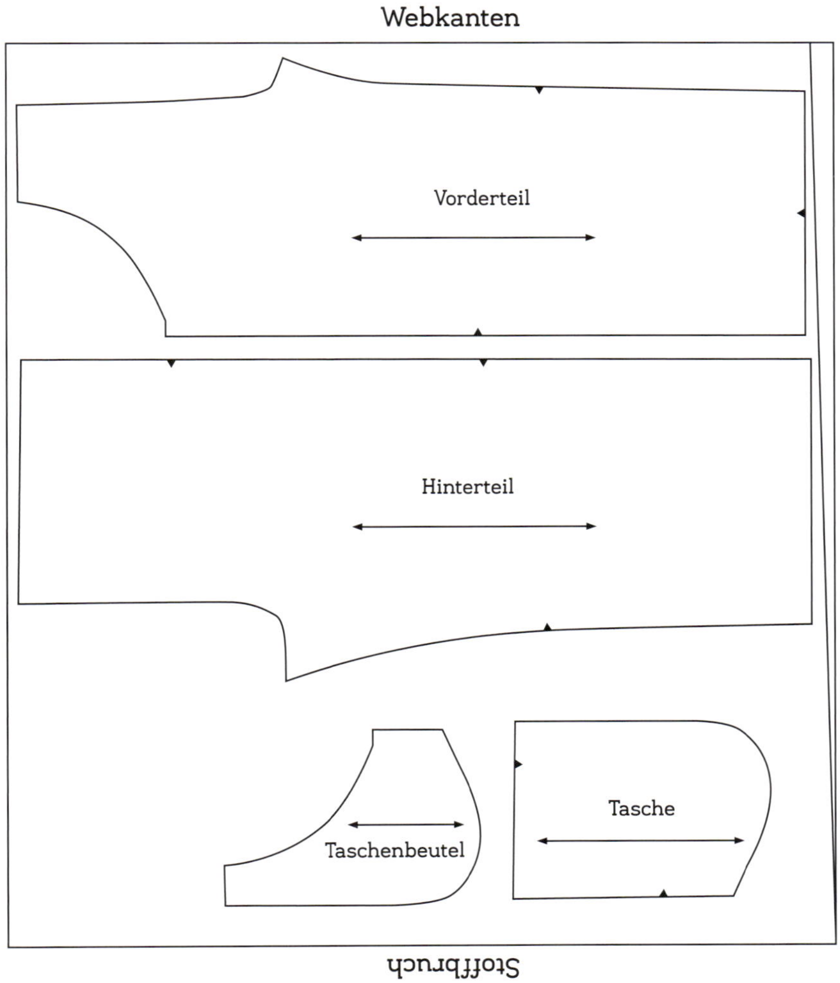

Stoffbreite 120–150 cm (Kontrastfarbe)

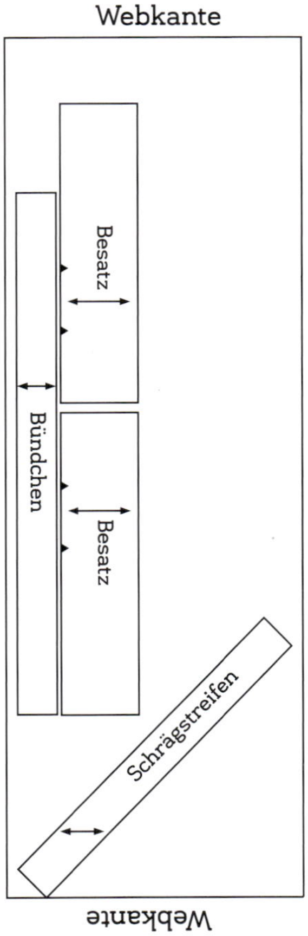

Wendeumhang mit Kapuze
Anleitung ab Seite 80

Stoffbreite 155 cm (Hauptstoff + Kontrastfarbe)
Alle Größen

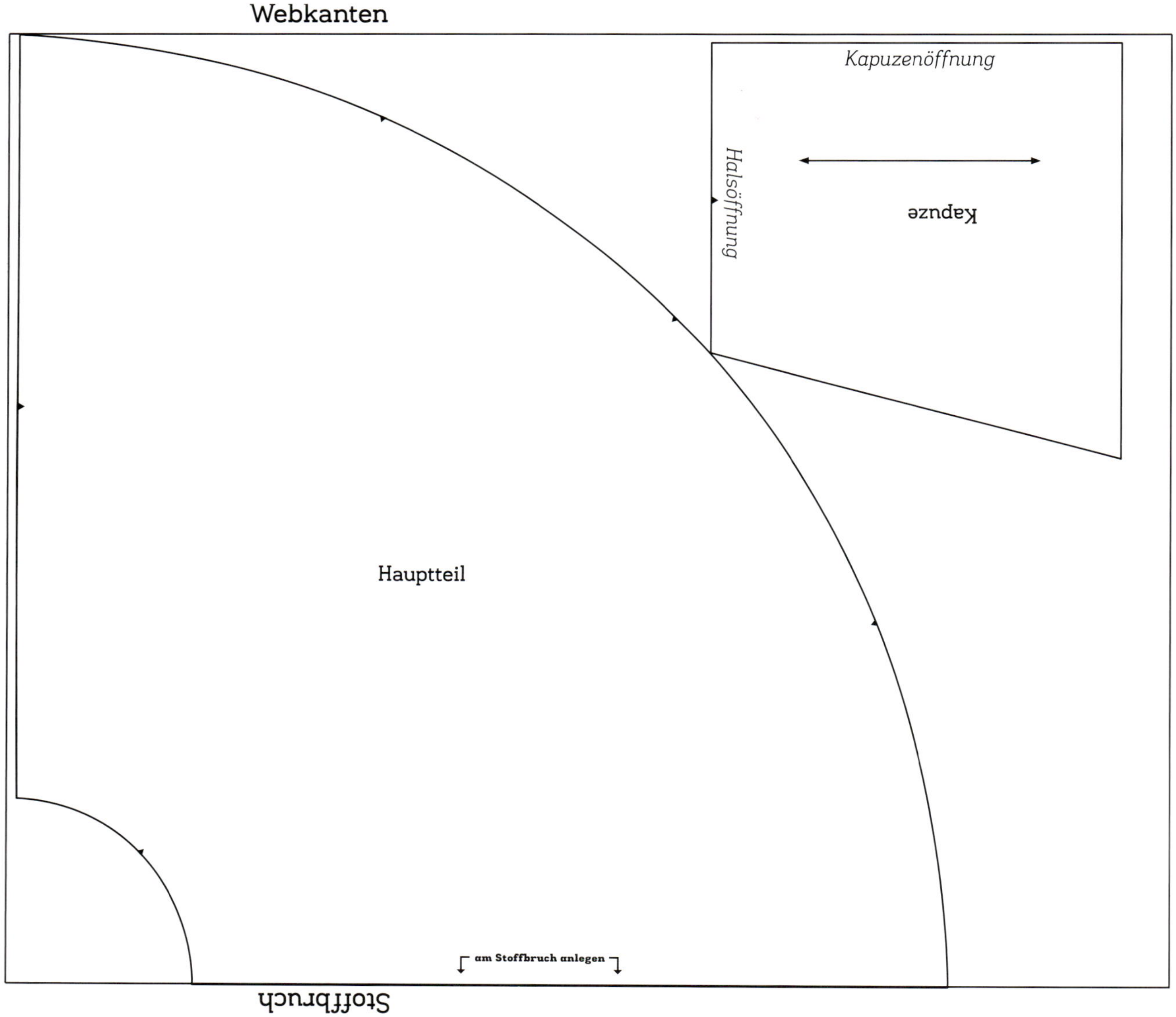

Spielzelt
Anleitung ab Seite 108
Stoffbreite 140 cm (Hauptstoff)

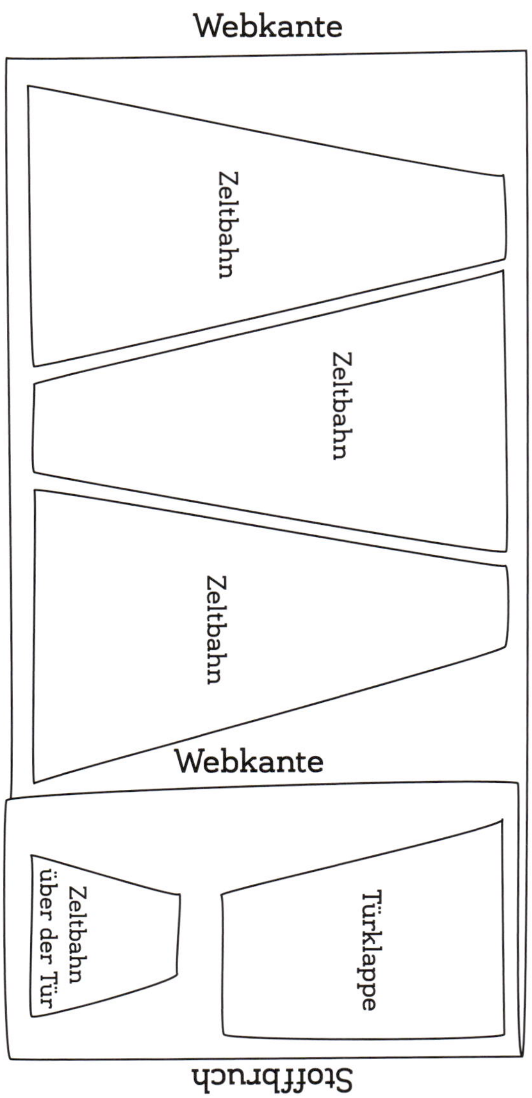

Pyjamahose
Anleitung ab Seite 118

Stoffbreite 155 cm
Alle Größen

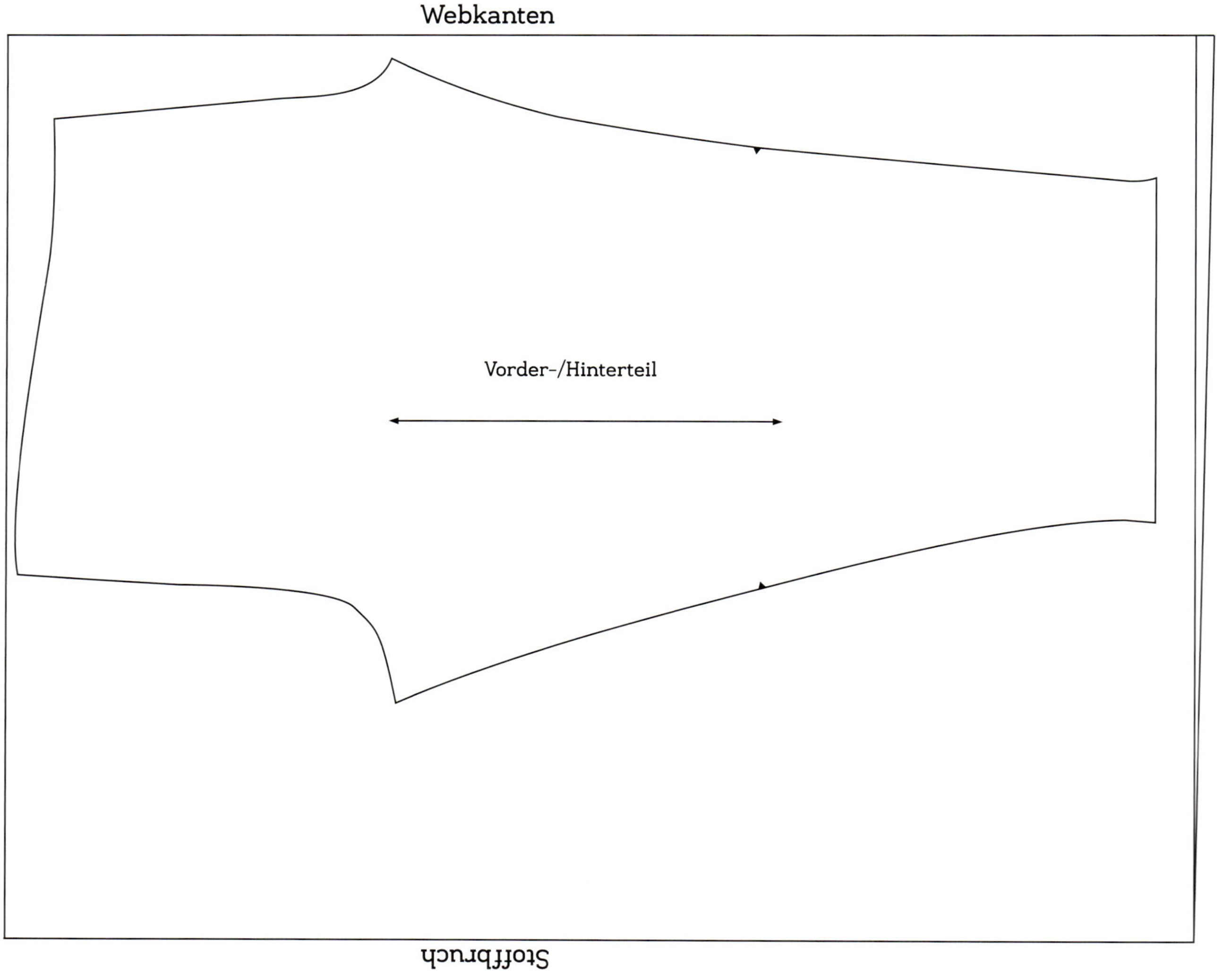

Babyschlafsack
Anleitung ab Seite 122

Stoffbreite 150 cm
Alle Größen

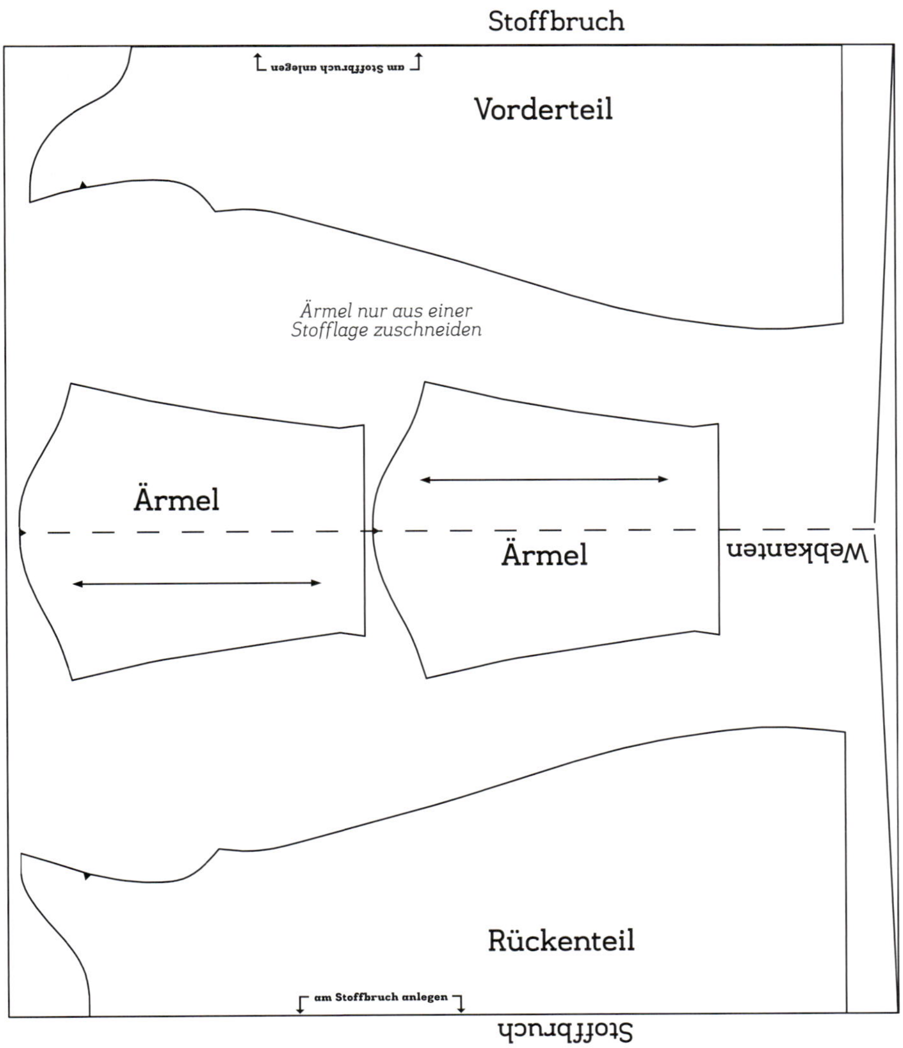

Adressen

Vielerorts gibt es Handarbeitsläden. Sie sollten die Stoffe persönlich aussuchen, sie anschauen und anfassen. In einem guten Geschäft werden Sie zudem kompetent beraten, z. B. wenn es den Stoff nicht in der gewünschten Breite gibt. Wer kein Handarbeitsgeschäft in der Nähe hat, wird auf den folgenden Internetseiten bestimmt fündig.

Stoffe, Vliese, Einlagen und Kurzwaren

Baumwolle aus kontrolliert biologischem Anbau (kbA), schadstoffgeprüfte Stoffe und andere umwelt- und hautfreundliche Produkte gibt es als Meterware in vielen Onlineshops – schauen Sie sich in Ruhe um.

www.alfatex.de
www.bio-seide.de
www.buttinette.com
www.fadenversand.de
www.funfabric.com
www.lillestofhus.de
www.naturstoff.de
www.nearseanaturals.com
www.phantasiali.de
www.siebenblau.de
www.stoffe-hemmers.de
www.stoffe.de
www.stoffe-zanderino.de
www.westfalenstoffe.de
www.wollhandwerk.de

Schöne Stoffe für Kinderkleidung gibt es auch bei:

www.charlottas.de
www.cotton-color.com
www.frautulpe.de
www.meterweise-stoffe. de
www.stoffkontor.eu
www.stoff4you.de
www.stoffundstil.de
www.volksfaden.de

Wer ungewöhnliche Stoffe von unabhängigen Designern kaufen möchte oder seine Muster selbst entwerfen und auf Stoffe drucken lassen will, ist hier an der richtigen Adresse:

www.spoonflower.com
www.stoffn.de
www.designer.stoff-schmie.de

Schnittmuster:

www.cuttingbee.de
www.farbenmix.de
www.mioumiou.de
www.olympiaschnittmuster.de
www.ottobredesign.com
www.schnittmuster.net

Puppen selbst machen

Materialien, Anleitungen, Schnittmuster und mehr

www.stoffpuppen.info
www. stoffpueppchen.de
www.rundumdiepuppe.de
www.puppenschnitte.de
www.naehen-schneidern.de/puppenkleider-schnittmuster

Online-Marktplätze

www.dawanda.com
Hier finden Sie allerlei Stoffe und andere Materialien zum Basteln und Nähen. Außerdem bieten Künstler, Designer und kreative Menschen Selbstgemachtes an.

www.etsy.com
Auch hier bieten unabhängige Designer und Hobbykünstler handgemachte Produkte verschiedenster Art an, z. B. Holzknöpfe, Puppen und Puppenkleider. Handarbeits- und Bastelmaterialien sind hier ebenfalls erhältlich. Einige Anbieter führen auch Auftragsarbeiten aus.

www.ebay.de
Auf ebay kann man buchstäblich alles kaufen und verkaufen. Wer Glück hat, kann hier für wenig Geld hochwertige Stoffe ergattern. Auch gebrauchte Nähmaschinen und Overlock-Maschinen werden regelmäßig angeboten.

Autorin

Meg McElwee ist eine erfolgreiche Designerin von Nähvorlagen, Autorin und ehemalige Montessori-Lehrerin. In ihrem Blog *Sew Liberated* bietet sie Nähanleitungen an und schreibt über Nähen sowie andere Handarbeiten und Do-it-yourself-Projekte.

Mit ihrem Mann und zwei Söhnen lebt sie in North Carolina (USA).

Blog der Autorin

www.sewliberated.typepad.com

Register

Hier finden Sie noch mehr kreative Ideen und Projekte

Nähen mit Cath Kidston
Über 40 Lieblingsstücke der Kultdesignerin zum Selbermachen
ISBN 978-3-8310-1739-3
€ 14,95 (D) / € 15,40 (A) / sFr. 21,90 (UVP)

Einfach selber nähen
Kreative Kleider – Taschen - Wohnaccessoires
ISBN 978-3-8310-2138-3
€ 19,95 (D) / € 20,60 (A) / sFr. 28,50 (UVP)

Handarbeiten
Alle Techniken Schritt für Schritt
ISBN 978-3-8310-1973-1
€ 29,95 (D) / € 30,80 (A) / sFr. 40,90 (UVP)

Kreativ wohnen
Originelle Gestaltungsideen für ein schönes Zuhause
ISBN 978-3-8310-2218-2
€ 14,95 (D) / € 15,40 (A) / sFr. 21,90 (UVP)

Fantasievolle Quilts
Ideen und Anleitungen für kleine und große Projekte
ISBN 978-3-8310-2211-3
€ 16,95 (D) / € 17,50 (A) / sFr. 24,50 (UVP)

Die große Nähschule
Alle Techniken für Anfänger und Profis
ISBN 978-3-8310-1502-3
€ 29,95 (D) / € 30,80 (A) / sFr. 40,90 (UVP)

... weitere inspirierende Bücher unter: www.dorlingkindersley.de

Dorling Kindersley